名师名校名校长

凝聚名师共识
回应名师关怀
打造名师品牌
培育名师群体
　　　　　聪明远志

广东省中小学教师培训中心科研课题："双减"背景下小学数学作业优化设计研究与实践（项目编号：GDSP–2021–C016）（课题主持人：姚冬梅　参与人：赖建福、詹国娣、倪晓君、党珍珍、钟惠娟、黄莉、王秀莲、叶宇、钟育花、黄媛、徐建臻、王海青、沈威）

"活"起来的多维作业

基于"双减"背景下小学数学作业优化设计研究与实践

赖健福　姚冬梅 ◎ 主编

陕西师范大学 出版总社　西安

图书代号　JY24N1968

图书在版编目（CIP）数据

"活"起来的多维作业：基于"双减"背景下小学
数学作业优化设计研究与实践 / 赖健福，姚冬梅主编.
西安：陕西师范大学出版总社有限公司，2024. 9.
ISBN 978-7-5695-4663-7

Ⅰ. G623.502

中国国家版本馆CIP数据核字第2024PQ6147号

"活"起来的多维作业——基于"双减"背景下小学数学作业优化设计研究与实践

"HUO" QILAI DE DUOWEI ZUOYE——JIYU "SHUANGJIAN" BEIJING XIA XIAOXUE
SHUXUE ZUOYE YOUHUA SHEJI YANJIU YU SHIJIAN

赖健福　姚冬梅　主编

出 版 人	刘东风
出版统筹	杨　沁
特约编辑	顾　妍
责任编辑	王师伟　马　萌
责任校对	秦　云
封面设计	言之凿
出版发行	陕西师范大学出版总社
	（西安市长安南路199号　　邮编 710062）
网　　址	http://www.snupg.com
印　　刷	北京政采印刷服务有限公司
开　　本	710 mm×1000 mm　　1/16
印　　张	16.5
字　　数	267千
版　　次	2025年3月第1版
印　　次	2025年3月第1次印刷
书　　号	ISBN 978-7-5695-4663-7
定　　价	58.00元

随着"双减"政策的深入实施，教师面临着如何减轻学生学业负担及确保教育质量、促进学生全面发展的双重挑战。赖健福老师和姚冬梅老师联合主编的《"活"起来的多维作业——基于"双减"背景下小学数学作业优化设计研究与实践》就是在这样的教育改革大背景下应运而生的一部著作，也是省级课题"'双减'背景下小学数学作业优化设计研究与实践"的成果之一。本书的核心价值在于其深入探讨了小学数学作业设计的理论与策略，力图构建一个能够同时满足"双减"要求与学生发展需要的数学作业设计新框架。在理论层面，本书通过对现有教育理论的批判性吸收和创造性转化，提出了多维作业设计的概念。这一概念突破了传统作业设计的局限，强调作业设计应考虑学生的个性化需求、发展阶段及学习兴趣，从而实现对学生全面发展的促进。在策略层面，本书提供了一系列创新的设计原则和实施方法，如作业内容的多元化、作业形式的互动化、作业评价的过程化等，旨在使数学作业成为学生自主学习、探究发现的有效平台。更为难能可贵的是，本书并未满足于理论的阐述，而是通过大量的实践案例，展示了理论如何转化为实践，以及在实践中遇到的问题如何得到解决。书中所收录的案例涵盖了从数学基础知识到综合应用问题的广泛领域，每一个案例都是对"双减"背景下作业设计理念的具体体现，展示了如何通过优化作业设计，使数学作业"活"起来，成为学生乐于参与、有益于成长的学习活动。这些案例不仅提供了可供借鉴的具体操作模式，也为数学教学提供了丰富的创新资源。

　　该书的出版，不仅标志着对传统教育模式的一次深刻反思，体现了教育实践创新的勇气和智慧，同时也对推动小学数学教学改革，优化作业设计，培养学生的数学素养具有重要的指导意义。作者通过对"双减"背景下小学数学作业设计的深入研究，提出了多维作业设计的理念，旨在通过作业的多样化，促进学生在享受学习乐趣的同时，培养解决问题的能力、创新思维和实践技能。书中不仅关注理论的探讨，更重视实践的应用，为一线教师提供了可行的作业设计方案和丰富的教学资源。这部著作无疑为当前小学数学教学提供了新的视角和方法；不仅是教师教学改革的宝贵参考，也是教育研究者探索作业优化设计的重要文献。在"双减"政策指引下，让我们共同努力，为小学生创造更加丰富、有趣、有意义的学习经历，引领他们在快乐中成长，探索中前行。

沈 威

2024年7月

　　（作者沈威，惠州学院数学与统计学院教授，数学博士，硕士研究生导师，工作室理论导师，数学教育实训中心主任，广东省教育学会数学教育研究专业委员会秘书长、副主任委员）

目录

上 篇
思而促学，研以致用

下 篇

趣学巧练，多维实践

附 录

上 篇

思而促学，研以致用

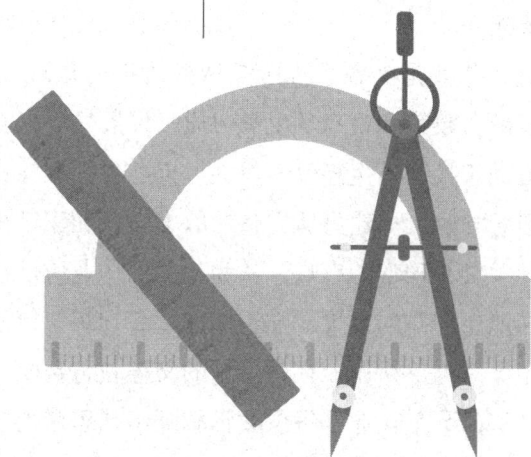

小学数学多维作业设计的理论与方略探索

惠州学院数学与统计学院　王海青　惠州市第十一小学金榜分校　姚冬梅

2021年7月，中共中央办公厅、国务院办公厅印发《关于进一步减轻义务教育阶段学生作业负担和校外培训负担的意见》（以下简称"双减"），提出要有效减轻义务教育阶段学生"校内作业负担和校外培训负担"，要求减少学生作业总量的同时提高作业设计质量.《义务教育数学课程标准（2022年版）》也指出要使"不同的人在数学上得到不同的发展，逐步形成适应终身发展需要的核心素养"，要求课程目标"以学生发展为本，以核心素养为导向"，促使学生获得"四基"和发展"四能"，其中作业是实现新课程标准理念与课程目标的重要抓手。

因此，作业是义务教育阶段课程改革的焦点之一，高质量的作业设计是落实"双减"政策和提高学生学习质量发展核心素养的重要保障。好的数学作业设计有助于推动学生高效学习，习得、巩固和深化相关数学概念和原理及其蕴含的思想方法，构建灵活完整的数学学科知识结构。但长久以来，传统的教学受行为主义心理学的影响，认为相关的作业应反复练习而且做得越多就越能实现"熟能生巧"的效果，殊不知"题海训练"以及形式单一的作业也会产生"熟能生厌"的反作用。在新一轮的义务教育数学课程改革中，如何围绕核心素养设计好的数学作业是每位数学教师亟须思考的问题。本研究基于"提质增效"的"双减"政策与促进教育高质量发展的时代大背景，以小学数学为例探讨作业设计与创新的理论基础、策略与类型等，以提高数学作业的育人功效。

一、"作业"的内涵界定与现状分析

作业，《辞海》中的解释是为完成学习方面的既定任务而进行的活动。而《教育大辞典》则把完成学习任务的作业分为课堂作业和课外作业两大类，课外作业一般指课后作业或家庭作业。这里的"作业"泛指课堂内外的练习和学习任务。

自"双减"政策实施以来，有不少学者关注作业的设计质量、作业的主要来源与作业的呈现方式等．有研究认为，我国中小学作业长期以来存在"三超"现象，即超量、超时、超标，作业成了应试训练而非素养发展的工具。调查结果显示，数学作业以教材或练习册中的常规习题为主，作业的形式和难度要求未能体现个性化，存在与现实生活脱节、缺乏创新等问题。总体来说，数学作业的内容较为乏味而欠缺趣味性，多为答案唯一、方法唯一的常规题型；作业的布置形式多是书面或口头类型，少有其他形式的个性化作业；作业的来源基本以教材或教辅材料为主，少有教师针对学生实际设计有效分层作业；作业的数量偏多、质量偏低，批改过于关注结果的对错而忽视对思维过程的剖析；等等。

可见，教师重视对作业的布置，认可作业对巩固知识的作用，但作业观拘泥于传统而未能与时俱进，依赖于教材、教辅材料而创新不足。教师是作业设计的主体，应基于教材、教辅材料结合知识和学生实际对作业的内容、形式与类型等进行优化创新，通过高质量的作业促进学生核心素养的发展，落实作业的育人功能。高质量的作业设计应做到以学生为中心，尊重学生差异，激发学生兴趣，贴近学生生活，强调探究合作，应重视将知识应用于解决实际问题，强调跨学科融合，强化以核心素养为导向，提高作业的趣味性、综合性、实践性、探究性与开放性。

二、数学作业设计的理论依据

从教育学的视角看，100年前著名教育家杜威就提出"教育即生活""教育即生长""教育即经验改造"的观点，教学上主张"做中学"。教育家陶行知的三大教育思想"生活即教育""社会即学校""教学做合一"，与其老师杜威的思想是一脉相承的。因此，基于杜威和陶行知的教育理论，作业的选择必须把从事作业的人和发展着的生活的基本需要联系起来，即作业内容的呈现要结合现实生活情境，作业的难度要符合学生实际。

从心理学的层面来看，维果茨基的"最近发展区"理论与加德纳的"多元智力"理论为作业设计提供了理论支撑。"最近发展区"是指学生的发展有两种水平，即独立活动时所能达到的解决问题的现实水平与通过教学能获得的更高一级的潜在水平，两者之间的差异就是"最近发展区"。

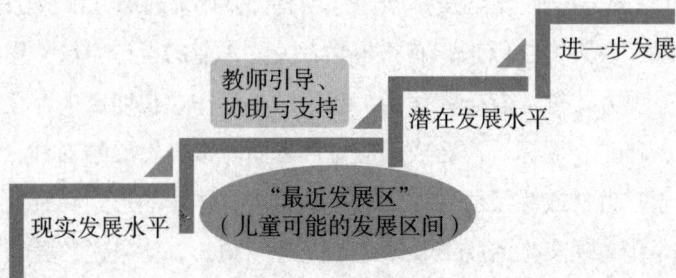

教师的教学应立足于学生的"最近发展区"，为发挥学生的潜能给予引导、协助与支持，通过设置一系列的难度递进的"脚手架"问题或材料，促使学生超越其"最近发展区"而达到下一发展阶段的水平。但每个学生的"最近发展区"是有差异的，因此作业的设计应结合学生实际强调梯度性和注重分层设置。

加德纳认为智力的基本性质是多元的，每个人都不同程度地具备语言智力、逻辑数学智力、音乐智力、空间智力、身体运动智力、人际关系智力、内省智力和自然智力八种能力，且表现出个体间的差异，这一理论被称为"多元智力"理论。

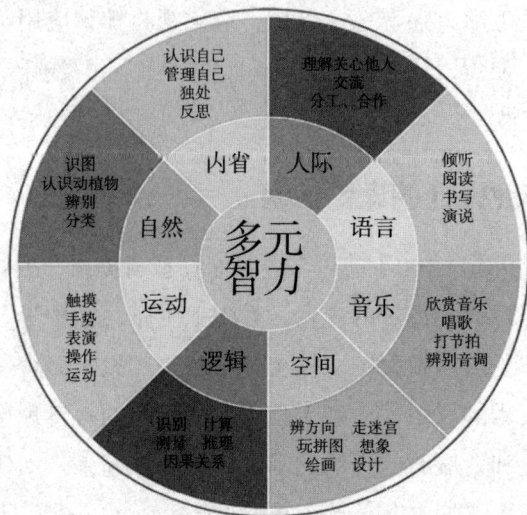

因此，教师在教学上应该关注学生的个体差异和特殊才能，保证学生的全面发展。作业设计也应考虑学生的智力差异和优势，注重作业形式和作业类型的多样性，强调跨学科情境的融合，既面向全体学生，也关注学生的差异化发展。

三、小学数学作业设计的策略

根据教育学、心理学的相关理论，结合小学阶段学生的认知水平和思维特点，小学数学作业的设计可从以下几个方面进行思考，以通过多维视角整体把握实现作业设计的优化与创新。

（一）作业设置注重基础夯实与变式分层

正所谓"基础不牢，地动山摇"，作业的其中一个重要功能就是帮助学生巩固所学的知识，为进一步学习打牢基础。因此，作业应体现其基础性。与此同时，也应通过对问题的变式拓展促进学生对知识结构的深化理解，在变式中关注不同学生的差异与需要，从特殊到一般、从具体向抽象过渡，难度递进、分层次要求，通过一题多解与多题一解由点到面揭示数学的本质结构，既保证学生的全面发展，也关注学生的差异性。

比如，小学四年级学习了"数线段"，教师可提出如下问题：如图，一共有多少条线段？常用的解决方法是：先固定点A，剩下的5个点分别与点A构成不同线段；再固定点B，剩下的4个点（C，D，E，F）分别与点B构成不同线段；……以此类推，共有5+4+3+2+1=15（条）线段。也可以这样解答：每一个点都与剩余的5个点构成5条线段，相互间有一次重复计算，所以共有（5×6）÷2=15（条）线段。数线段问题也对应于后面"植树"问题的学习，从更大的视角看，数线段问题也就是简单的组合问题。实际上，以下的几个变式问题都可以归结为数线段问题，其本质是一样的。

变式1：图（a）与图（b）中分别有多少个三角形？

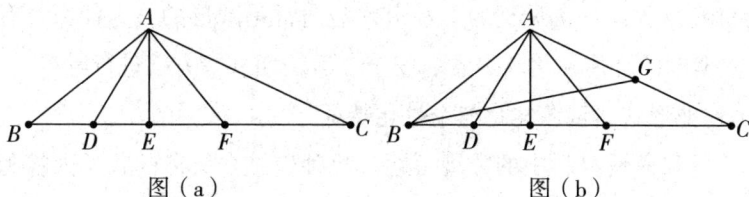

图（a）   图（b）

变式2：下图中有多少个角？

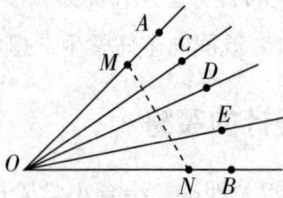

变式3：图中小方格都是边长为1的正方形，图中共有几个长方形、几个正方形？

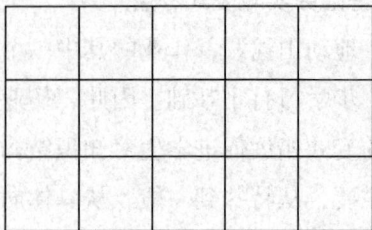

变式4：（握手问题）5个老同学聚会，如果每个人都要和其他人握一次手，请问他们一共要握几次手？

（二）作业内容兼具生活化与趣味性特征

数学来源于生活并应用于生活，这一点在小学数学中的表现尤为明显。教材中新的概念或原理常常利用学生熟悉的生活情境来引出，作业也需体现应用知识解决实际问题的特点，并结合学生的年龄特点加强情境的趣味性以激发学生学习数学的兴趣。

比如，在"圆的认识"的教学中有一个经典的引入方式，教师提出问题：汽车的轮子是圆形的，为什么不能设计成三角形、五边形或者其他形状的？这个问题情境来自学生熟悉的生活场景，结合多媒体的动态演示也可提高问题的趣味性，教师在引导学生解决这个问题的过程中引出了圆的基本性质。下一步教师可以布置作业：日常见到的下水道井盖通常是圆形的，为什么？有什么奥秘吗？可根据圆的性质从用料最省、安全、运输便利等方面进行解释。

（三）作业形式体现多样化与个性化特征

除了教材和教辅材料中的常规习题，教师应结合具体的教学内容和学生的实际情况布置形式多样的作业，最大限度地发挥学生的优势以促使其数学素养的全面发展。比如可以布置制作教具、设计立体模型或平面图形等增强动手能力的操作活动作业；体现团队合作的关于"购物""家庭收支"等统计图表的调查性作业或探究性作业；题目条件或结论开放答案不唯一或是一题多解的开放性作业。对于高学段的学生，还可以将作业布置成做数学手抄报，撰写数学周记或者数学小论文，分享有趣的数学故事，甚至是设计相关的数学游戏。

（四）作业设计与评价主体凸显多元化

在实际操作中，作业设计与评价的主体比较单一，教师基本上既是作业的设计者也是评价者，学生仅是作业的完成者。学生作为作业的参与方，教师应使之成为作业设计与评价的主体，充分调动学生的主观能动性，高效达成布置作业的目的。作业设计可以采用教师单独设计、学生单独设计、学生以小组为单位进行设计、教师与学生共同设计等形式，作业的评价可以采用教师单独评价、学生互评互改、学生自评、学生评讲教师辅助等方式。为了保证学生作业设计和作业评价的有效性，教师在这个过程中是重要的引导者而非旁观者，应充分利用学习小组使小组内与小组间形成良性的竞争与协作，并注意根据学生的差异分层次评价，凸显多元化。

（五）作业确保数量适量与质量优质

对于数学学科而言，每一个概念或原理的教学之后必须通过相应的习题来促进学生对相应知识的巩固和深化理解。但并不是花大量时间做很多的题目效果就好，这既不符合"双减"政策也不利于学生分配各学科的学习时间。因此，教师布置的作业量应该适度。而适量的作业要能起到同样强化学习的效果，教师就必须提高作业设计质量。除了前面提到的四个策略，高质量的作业设计还需要教师对数学知识结构本身有整体的把握，熟悉知识间的内在联系，应能基于教材和教辅材料结合学生实际进行优化和创新，这其实对教师提出了更高的要求。

四、小学数学作业设计的类型

作业设计应当减少模仿性、重复性、记忆性等基础性作业，适当增加探究性、综合性、实践性作业，并控制核心素养不同水平的比例。除了常规的例题与习题，教师可以结合具体的教学内容与学生的年龄段考虑设计以下七种类型的作业。

（一）游戏型作业

教材或练习册中有24点、摆火柴棒的游戏，这些有助于小学生更加熟练地掌握数的基本运算，提高学生学习的趣味性和参与度。类似的游戏还有扑克牌"钓鱼""报数"等。"钓鱼"游戏是每人轮流翻一张牌，当翻出的牌的数值等于前面某几张牌的数值之和时，这几张牌就归翻牌人所有（教师可以根据教学内容改变游戏规则）。"报数"游戏是大家按顺序从1开始连续大声报数，但约定到某个数的倍数（比如"7"的倍数）就不能出声，直接从下一位（第8，15，22，…位）继续报数，这个游戏可以在学习"因数和倍数"内容时开展。教师可以结合教学内容自创有趣又好玩有用的数学游戏。

（二）故事型作业

小学阶段的学生爱听童话、寓言，教师可以结合生活将数学作业融入故事情境中。比如，学习了图形的对称性后，可以设计这样一个"阿凡提和农场主的故事"让学生思考："阿凡提干完一天的农活向农场主要工钱，农场主想要刁难阿凡提，说要是能帮他完成下面这个任务就给阿凡提支付两倍的工钱，否则就分文不给。任务是这样的：有一个对称的圆形木桶，只要你装半桶水在里面，不能多也不能少，而且不能使用木棒或绳子来量。"阿凡提该怎样去完成这个任务呢？根据圆形木桶的对称性，当斜放着的桶底与桶口斜对角面在同一水平面时，刚好是半桶水的容量。

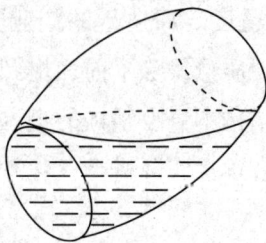

（三）拓展型作业

拓展型作业也就是对基本题型或问题进行一步步地变式引申，逐步构建灵活的知识结构。比如，求图形的面积问题，自然是要学生掌握相应的面积公式进行熟练运算。但掌握了面积公式并不等于学生能很好地解决相关面积问题，需要教师在基本训练的基础上进行变式拓展，将常规题型与非常规问题相结合，层层深入地揭示问题的本质。以求三角形的面积为例，除了要能根据三角形的高和底求出面积，还要引导学生通过整体剖析图形的内在关系求出面积，可通过以下变式逐步达成。

问题1： 在长方形$ABCD$中，长为5，宽为2，求阴影部分三角形BCD的面积。（学生可直接利用长方形面积的一半或者三角形的面积公式求得）

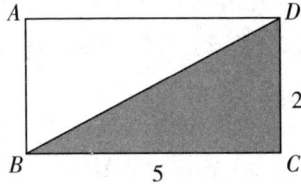

问题2： 在长方形$ABCD$中，长为5，宽为2，E是AD边上任一点，求阴影部分三角形BCE的面积。三角形ABE与三角形CDE的面积之和是多少？（此题与问题1类似，重点放在让学生发现阴影三角形的面积或两个空白三角形的面积之和是长方形面积的一半）

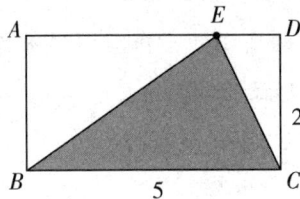

问题3： 在长方形$ABCD$中，长为5，宽为2，E，F是AD边上任意两点，求阴影部分的面积。（在问题2的基础上观察此题，虽然不能具体求出三角形各自的边长，从整体出发易知阴影部分面积是长方形面积的一半。当长方形变为平行四边形时，结论依然成立）

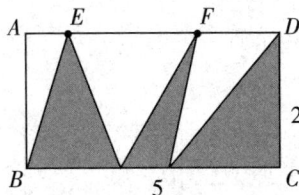

问题4： 平行四边形$ABCD$的面积是10，点O是其内部一点，求阴影部分的面积。

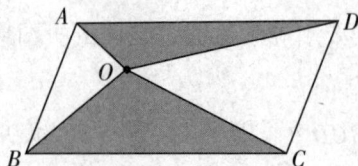

问题5：四边形 $ABCD$ 的面积是10，点 O 是其内部一点，点 E，F，G，H 是四条边的中点，求阴影部分的面积。（利用"等底等高的三角形面积相等"可知阴影部分面积是四边形面积的一半）

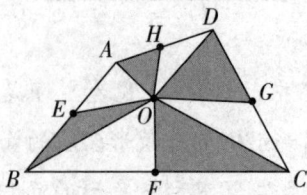

问题6：三角形 ABC 的面积为12，点 D 是 BC 边的中点，E，F 是 AC 边的三等分点，求阴影部分三角形 DCF 的面积。（根据图形中各三角形底与高的关系，可以求得阴影部分是整个三角形面积的六分之一）

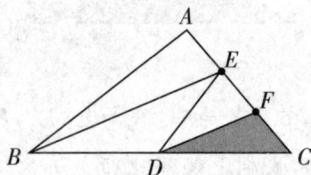

问题7：两个正方形的边长分别为6和10，求阴影部分三角形 BEO 的面积。（根据条件没有办法求出 BE 边上的高 OC，但从图形的整体与部分的关系可知三角形 BEO 的面积等于三角形 BEF 的面积减去三角形 EFO 的面积）

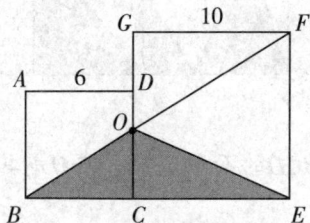

（四）开放型作业

开放型作业有助于发展学生的发散性思维与聚合性思维，培养思维的灵活性。开放型作业包括条件开放、结论开放、解法开放、问题开放等类型，学生可以从不同的角度进行思考和解决问题. 比如，条件开放题："水果店里有荔枝260斤，_____，香蕉有多少斤？（"斤"为质量或重量单位）"结论开放题："3位工人师傅一共安装了36辆新自行车，_____？"解法开放题："请用不同的方法计算 398×3."问题开放题："统计家里一个月的收入和各项支出情况并制作适当的统计图。"

（五）跨学科融合型作业

2022年4月，新颁布的《义务教育课程方案（2022年版）》要求：各门课程用不少于10%的课时设计跨学科主题学习。义务教育阶段数学课程为此专门设置了以跨学科主题学习为主的"综合与实践"学习领域。跨学科学习也是未来教育的方向，是培养学生综合素养和创新能力的需要，作业设计应与时俱进地体现课程改革的要求。比如，有人为宋代大文豪苏东坡的画作《百鸟归巢图》题了一首诗："归来一只复一只，三四五六七八只. 凤凰何少鸟何多，啄尽人间千石食。"这首诗反映了北宋末期的社会乱象，百鸟的"百"字也是一个虚数，表示画中有很多鸟. 但从数学的角度看，确实是可以提出一个具体问题的：题目为何是"百鸟"？诗的第一句有答案，两个一、三个四、五个六、七个八之和即为一百（$1+1+3 \times 4+5 \times 6+7 \times 8=100$）。这是一个数学、语文与美术多学科相融合的情境问题。

（六）说题作业

数学教材和教辅材料中经常会出现请同学们"看一看""想一想""画一画""写一写"此类要求的题目，但其实"说一说"也是很重要的学习方式，教师的作业设计应综合考虑教学内容设置难度要求和呈现形式多样的问题。对于小学高年级学段的学生，可以设计"说数学题"作业，可以在课堂上口头说，也可以课后以录制音频的形式说。目的是通过学生说，可以更好地梳理解题思路，进而突出解题思维，也可以很好地锻炼学生的表达能力，也可以进一步促进书面作业的规范书写。

（七）数学史与数学文化类作业

对于小学高年级学段的学生，可以结合单元、主题或节日适当布置有主题的数学周记、数学小论文、数学故事、数学手抄报等作业，将数学史与数学文化融入其中，发挥数学学科育人的功能，同时也给有美术特长、喜欢语文、爱好历史人物故事的同学提供在数学课上充分展示自我的机会。

参考文献：

［1］中华人民共和国教育部.中共中央办公厅 国务院办公厅印发《关于进一步减轻义务教育阶段学生作业负担和校外培训负担的意见》［EB/OL］.（2021-07-24）［2021-12-17］.http：//www.gov.cn/Zhengce/2021-07-24/content_5627132.htm.

［2］中华人民共和国教育部.义务教育数学课程标准（2022年版）［M］.北京：北京师范大学出版社，2022.

［3］李臣之，张潇云.论"双减"背景下高质量作业设计［J］.教育科学研究，2023（3）：55-61.

［4］廖北怀，凌杰.基于学生核心素养的初中数学作业设计策略［J］.中国教育学刊，2023（S2）：58-60.

［5］陈鲜鲜，徐雅，张佳炀，等.论小学数学作业创新的三大走向［J］.教育科学研究，2016（6）：50-57.

［6］彭国庆.小学第二学段数学个性化作业设计的策略［J］.现代中小学教育，2014（8）：55-58.

［7］赵德成.什么样的作业是好作业：作业设计新理念［J］.课程·教材·教法，2023，43（6）：45-53.

［8］梅休.杜威学校［M］.王承绪，译.北京：教育科学出版社，2007.

［9］麻彦坤，叶浩生.维果茨基最近发展区思想的当代发展［J］.心理发展与教育，2004（2）：89-93.

［10］陈琦，刘儒德.教育心理学［M］.北京：高等教育出版社，2011.

［11］喻平.核心素养指向的数学作业设计［J］.数学通报，2022，61（5）：1-7，12.

（此论文获惠州市惠城区2023年优秀教学论文一等奖）

"双减"背景下小学数学作业优化设计策略探究

惠州市博罗县博罗中学佳兆业学校　赖健福

日用之繁，无处不用数学，可见数学学科具有重要的学习意义和价值，而作业的创新设置也成为教师亟待解决的问题。在数学课堂上，要落实减负提质的目标，教师需要尽快找到学生"作"与"业"的平衡点，真正减负、提质、增效。因此，教师可以根据学科特点设计学生喜爱的课堂练习和实践作业，让学生联系生活，在已有的认知基础上开拓思维、展开想象，在动手实践中感受数学、学习数学，教师可以从学生的"作品"中感受数学的无穷魅力。

一、合理设计课堂训练，提高课堂效率

以往课堂练习以试卷、练习册为主，题目会重复，对学生来说，时间紧、作业任务重，因此，在课堂上应预留更多的课堂教学时间，合理设计课堂作业，做到精准、精简、精练，让学生对于基础部分的习题当堂消化，及时巩固，提高课堂效率。

合理安排课堂时间。例如，在小学二年级"乘法"的练习中，在学生掌握基本的乘法口诀之后，要及时给学生留出至少15分钟的训练时间，教师可以提前打印好1~9的乘法练习题，排列整齐，让学生进行专项训练；还可以设置好试卷内容，通过精简的方式，多设置填空题，减少应用题，多设置图表题，特别是可以设置不同类型的题目，如"把加法算式改成乘法算式"：三个9相加，写成乘法算式是多少，9乘5加9等于多少乘多少等，换成不同形式让学生进行训练，尽量让学生在课堂上掌握学习内容，课堂上保证一定的计算量，有助于及时发现学生错误，及时纠正。

分层设计作业。例如，体量不宜过多，每课时均设计"基础性作业"（主要是填空题、选择题和判断题，面向全体，体现课标，题量为3~4道大题，要求学生必做）和"发展性作业"（主要是应用题，体现个性化、探究性、实践性，题量为3道大题，要求学生有选择性地完成）。学生在做完作业后，需要对自己的作业进行评价，评价总分是10分，学生可以根据自己的情况为自己打分，对于自己不会的问题，教师可统一进行讲解。

二、合理设置趣味作业，吸引学生注意

融入趣味性元素，可以让学生感受到学习数学的乐趣。因此，教师要设法消除以往内容和形式的沉闷，增加趣味性作业的设计，减少学生的抗拒心理，切合学生的身心发展规律，提高学生学习数学的自信心。

例如，在教学"倍数的认识"时，教师可以设置题目：唐僧师徒四人来到森林，森林里在开展趣味运动会，有很多动物，地上有2只松鼠、8只小鸡，水里还有6只鸭子，树上有3只猴子、12只小鸟，唐僧就开始考徒弟，他提出"3只猴子与6只鸭子之间有什么关系、2只松鼠与12只小鸟有什么关系"等问题，可让学生扮演"徒弟"思考作答，写出数与数之间的倍数关系，激发学生的想象力，通过类似的有趣题目，激发学生的思考意识，提升数学学习的趣味性。

三、合理设置实践作业，提高实践能力

（一）设置游戏类作业

在游戏中更能激发学生的潜能，能够让学生在情境化的过程中提高对数学的印象，增强对数字的记忆，设计作业时可以以此为契机，设置游戏化作业，以提高学生的数学应用能力。

例如，扑克牌是生活中常见的物品，它虽然是一种娱乐工具，但若用得好也能成为助学的帮手，如为提高学生的计算能力，可以设置游戏作业"猜数游戏"，让学生两人一组准备游戏，提前准备好扑克牌和糖果，将扑克牌分成两沓，将背面朝上，两人分别拿出两张牌，算出自己手中的两张牌上的数值相加的和，算对的那一方就奖励一颗糖，算错的就没有糖，让学生在游戏中很快得出计算成果，激励学生坚持练习。其实，生活中的许多物品都具有这样的属性，它们看似与数学学习没有直接的关系，但如果我们细心观察，善于挖掘并

合理利用，都能给我们的数学课堂增趣添彩。

（二）设置应用型作业

学习数学知识，要能够利用实际问题，让学生学以致用。因此，教师可以设置一些应用型作业，让学生了解生活中的数学，走进数学的世界。

例如，在教学"单价×数量=总价"时，设计"超市购物员"的课外作业，让学生在家长的陪同下体验"公式的应用"，在超市里购物时记录好自己购买的商品、商品的价格、商品的数量以及找回的零钱，用图和数的形式记录下来，在整个过程中，学生要十分仔细，记录好内容之后，在家长的协助下利用公式"单价×数量=总价"，分别以数字的形式写出不同商品的价格计算过程，学生在实践的过程中，会认真思考自己所记录的商品价格，让学生了解到生活中的数学，促使其在以后购买其他物品的过程中也能够举一反三，很快计算出自己购买物品所需费用，也将数学运用到生活之中，培养学生的数学应用能力。

（三）设置观察性作业

教学内容要设计观察活动，需要学生进行想象、猜测和推理的探究活动，从而使学生的空间想象力和思维能力得到充分锻炼，让学生在日常生活中积累丰富的观察物体的感性经验，在操作过程中培养学生的空间观察能力，进而提高学生的想象、评论能力。

比如，在教学"观察物体"一课时，让学生对家里的生活用品进行观察，作业一：观察物体，对不同形状物体进行记录；作业二：观察物体，对不同角度、同一个物体观察到的形状进行记录；作业三：画出观察过程的思维导图，并附上文字叙述的解释。利用思维导图可让图形更形象直观，并仔细地对比、汇总和分析、体会，让学生在观察过程中不断地巩固课堂所学知识，培养学生的观察能力。

总之，教而不研则浅，研而不教则空。在"双减"政策下，教师要摆脱应试教育的桎梏，高度重视作业的设计与安排，群策群力，集思广益，相互分享，设计出符合本年级学情的作业，使作业向高质量、典型性、综合性、生活性、趣味性等方向发展，促进学生快乐成长。通过教师的努力，学生的作业定能生动活泼起来，师生教学相长，让学习翻开新的篇章。

参考文献：

［1］熊丽琴."双减"背景下小学数学作业的"减"与"加"［J］.名师在
　　　线，2022（29）：14-16.

［2］朱亚文.落实"双减"政策创新小学数学作业设计［J］.小学生（中旬
　　　刊），2022（10）：82-84.

［3］王铁梅."双减"背景下小学数学作业分层设计策略［J］.新课程，
　　　2022（37）：219-221.

（此论文于2022年11月发表在《教师论坛》刊物上）

浅谈核心素养在小学高年级探究性数学作业中的渗透

惠州市南坛小学　黄 莉

何谓"探究性作业"，它是指学生在具有一定探究性的问题引领下，基于自身的知识经验、思维方式展开探索，从而培养数学探究能力的一种数学作业。探究性数学作业注重学生思考问题的过程性，学生在这个过程中可以体现个人的差异性，探究性作业比较开放，学生可以从自身的特点出发，选择自己喜欢的方式去解答。那如何将核心素养渗透在小学高年级探究性数学作业中，笔者将从以下三个方面谈谈自己的体会。

一、设计"问题分析型"探究性作业，渗透数学核心素养

新课标提出要增强学生发现和提出问题、分析和解决问题的能力。问题分析型作业恰好体现了新课标这一指导思想，在分析和解决问题的过程中，培养学生的应用意识、模型意识及创新意识。例如，笔者在学生学习了用分数乘法解决问题之后，设计了一道探究性作业。

下面的题目中为什么一词之差，解法却不同？可画图分析。

（1）一根绳子长3米，用去 $\frac{1}{3}$ 米，还剩多少米？

（2）一根绳子长3米，用去 $\frac{1}{3}$，还剩多少米？

（3）一根绳子长3米，用去 $\frac{1}{3}$，用去多少米？

学生看到题目后，通过画面积模型图、线段图，还有"大讲堂"等不同的形式进行辨析，发现第（1）题中 $\frac{1}{3}$ 带有单位，表示的是具体的数量，可以直接进行加减。而第（2）、（3）题中的 $\frac{1}{3}$ 表示的是一个分率，指的是3米的 $\frac{1}{3}$ ，应该用 $3 \times \frac{1}{3}$ ，但第（2）、（3）题中所求的问题又不同，一题求"还剩"，一题求"用去"。在此过程中，学生对分数乘法应用题进行建模，同时也提高了学生的核心能力——应用意识和创新意识。

二、设计"反思型"作业，落实数学核心素养

恩格斯曾说："最好的学习是从差错中学习。"在学习过程中，学生会出现各种形式的错误，但错误也是很好的学习资源，需要学生进行化错。在化错的过程中，学生需要经历梳理回顾、收集错题、分析错因等过程，此过程也是学生反思、运用知识的过程。在教学期末复习"运算定律"这一知识点时，笔者设计了一项探究性作业，让学生梳理运用运算定律进行简便运算时容易出现的错题并进行错因分析，完成之后在课堂上进行交流、讨论。例如，错题（40+4）×25=40×25+25，针对这道错题，孩子们指出错因是对乘法分配律的意义不理解。找到错因后，孩子们纷纷想办法解释乘法分配律的意义，有的列举生活中购物的实例，有的借助数形结合的方法，还有的从乘法的意义解释，整个课堂学习气氛浓厚，学生成为学习的主人。在此过程中，还渗透了运算能力、推理意识、模型意识等核心素养，提高了学生应用数学分析、思考问题的能力。

三、设计"实践操作型"探究性作业，发展数学核心素养

新课标指出：学生的学习应是一个主动参与的过程，认真听讲、独立思考、动手实践、自主探索、合作交流等是学习数学的重要方式。数学知识只有学生亲身参与、主动探索，才能转化为自己的知识。

为庆祝中国共产党成立102周年，让学生感受祖国的强大，笔者设计了这样一道探究性作业：

"数"说中国，庆祝建党102周年。请你用所学知识统计中国共产党成立102周年以来，祖国各个行业的发展变化，并分析统计图，说说自己的发现和体会。

在完成这项探究性作业的过程中，学生通过查找资料，分别用数据表示了中国共产党成立以来国家的GDP、铁路的里程等变化情况，这样的作业不仅培养了学生的数据分析和应用等核心能力，还让学生通过数学的眼光、思维、语言来表达我们的爱国情怀，渗透爱国主义教育。

再比如，笔者在教学完"圆柱的表面积"这一知识点后，设计的探究性作业：

用自己制作的圆柱体剪一剪，想一想：圆柱的侧面展开图除了长方形以外，还可能是什么形状？请探究圆柱侧面展开图与圆柱之间有什么关系。

在完成此作业过程中，学生通过动手操作，发现圆柱的侧面展开图还有可能是平行四边形或正方形，平行四边形的底相当于圆柱的底面周长，平行四边形的高也是圆柱的高，从而推导出圆柱侧面积的计算方法，同时渗透了转化的数学思想，培养了学生的空间观念及创新能力。

总之，核心素养是通过学科教学来实现的，作业作为教学的重要组成部分，也应在让学生掌握知识技能的同时，培养其数学核心素养，为学生未来的学习生活奠定基础。

参考文献：

［1］刘善娜. 这样的数学作业有意思：小学数学探究性作业设计与实施
　　［M］. 北京：教育科学出版社，2016.
［2］中华人民共和国教育部. 义务教育数学课程标准（2022年版）［M］.
　　北京：北京师范大学出版社，2022.

假期数学作业可以这样"玩"

——以各年级寒假特色作业为例

惠州市光彩小学　詹国娣

　　近年来，依托省级课题"'双减'背景下小学数学作业优化设计研究与实践"，以课题研究推动常规教学工作，数学科组致力于小学数学作业优化设计活动的研究，为学生打造有趣、好玩、有价值的假期实践作业，引导学生运用数学知识去思考实践，让学生在生活中发现、解决现实世界的真实问题，形成有本校特色的假期作业设计模式。下面以"寒假作业实践"为例，介绍本校数学科组对假期作业的整体设计意图、实施与反馈过程，激发学生的学习兴趣，调动学生探索的热情，逐步培育学生的思维能力和实践运用能力。

　　在"双减"背景下，作业成了教育界的高频词，也是社会各界讨论的热点。数学作业是数学教学中的一个重要环节，能够帮助学生巩固和消化所学的知识，提升他们的学习技能和思维能力。一份好的假期特色数学作业不仅能激发学生在假期继续深入学习的兴趣，呈现学生所学知识的掌握巩固程度，还能发展学生的数学核心素养。但是传统的假期作业通常都是书面作业，都是以做题为主的机械操作的作业模式，形式单一枯燥，学生容易产生抵触心理，从而导致假期作业质量不高，达不到预期的效果。为落实"双减"要求，减少作业总量和时长，减轻学生作业负担，又能帮助学生巩固知识，实现学生数学素养的全面提升，我们学校数学科组结合省级课题"'双减'背景下小学数学作业优化设计研究与实践"，组织全体数学教师开展对假期特色作业进行学习、探讨和设计，并以寒假特色作业为例，对假期特色作业进行了如下的探索与实践。

· 实例1：小小钟表匠（一年级）·

活动背景：一年级的学生学习了钟表的认识，为了让他们有更深刻的理解，清楚钟表的组成要素，特开展"小小钟表匠——巧手做钟表"的主题活动。

活动要求：

（1）看一看：认真看看家里的钟表组成元素，知道具体有什么。

（2）剪一剪：用彩色卡纸剪出钟表需要的部分。

（3）想一想：想象出自己喜欢的钟表的样子。

（4）画一画：画出钟表的形状并标出刻度。

（5）拼一拼：在钟表上拼上时针和分针等。

活动后续：借助网格展板展示学生的个性成果，组织同年级的学生一同参观，交流作业过程中的经历和体验，让学生互相评价。

设计意图：本作业设计关注孩子们的动手操作和直观形象，让学生体验钟表的创作，积累数学活动经验，感受生活中的数学。在实践的过程中突出观察、操作、思考、想象等活动经历，后续注重成果的展示和反馈，和同伴之间互相评价，体现教学评一致性。

· 实例2：小小采购员（二年级）·

活动背景：人民币是人们日常使用的货币，生活中所需要的物品都要用人民币来购买，二年级的学生在认识人民币后，怎样运用人民币成了学习的重点，基于此开展"小小采购员——购物欢乐多"的主题活动。

活动要求：

（1）逛一逛：去家附近的超市里看看有什么商品。

（2）想一想：家里还需要购买什么商品？

（3）算一算：需要购买的商品大概需要多少钱？

（4）挑一挑：到超市里购买所需商品。

（5）列一列：把购买的商品和价格以表格形式罗列出来。

活动后续：同样利用网格展板把学生的作品展示出来，并组织同年级的学生参观交流，分享在购物时的经历和体验。

设计意图： 在认识人民币的基础上，要学会运用人民币，设计一次购物的计划，到超市购买所需商品，经历一次实践性的作用，让学生在家长或朋友的陪同下自己购买物品，综合运用数学知识和生活经验解决生活中的实际问题，并估计出所需钱数，感受数学在生活中的应用。

·实例3：导图整理师（三年级）·

活动背景： 思维导图是高效的思维工具，它对于单元复习整理、分析单元结构和学习内容起到重要作用，三年级学生在教师的引导下，尝试自主梳理知识点，总结重难点内容。参与"导图整理师——知识总结思维导图"主题活动。

活动要求：

（1）看一看：复习教材中单元的知识点或例题。

（2）列一列：把单元的知识点逐一罗列出来。

（3）画一画：把联系较为密切的知识点形成网格图。

（4）想一想：还有哪些小细节可以补充？

活动后续： 选择有代表性的思维导图，进行全班点评，重点交流思维导图的形成过程，分析其与知识点之间的联系，在总结中形成单元的知识网络图。

设计意图： 布置思维导图这一作业，让学生通过复习和罗列知识点，发现各知识点之间的密切联系，形成知识网络图。在整理知识的过程中，强化对知识点的巩固运用。

·实例4：我是小主编（四年级）·

活动背景： 兴趣是最好的老师，为激发学生的兴趣爱好，更好地学习数学单元知识，四年级开展"我是小主编——设计数学知识报"的主题活动。

活动要求：

（1）看一看：复习教材中数学专题知识。

（2）列一列：把这一专题的知识点或例题罗列出来。

（3）画一画：设计本期数学知识报的版面。

（4）想一想：还有哪些相关知识点可以补充？

活动后续：把优秀的数学报进行全班传阅，互相发现各自数学报的亮点，交流在制作过程中的经验。

设计意图：通过让学生自主设计数学报，在专题复习中体现学生的主体性，让他们主动复习感兴趣的专题知识，并在设计的过程中根据自己的想法设计个性化版面，学生需要综合运用数学及美术设计等知识与技能，经历知识点的复习和习题的收集等主体性的过程。

·实例5：绘本小作家（五年级）·

活动背景："双减"的本质不在于减，而是给孩子们提供更大的发展空间，鉴于此，五年级开展"绘本小作家——创意数学知识绘本"的主题活动，体现作业设计的趣味性和综合性，提升学生的多维能力和综合素养。

活动要求：

（1）看一看：复习教材中自己感兴趣的数学知识。

（2）想一想：实际生活中哪些情况下会遇到这类数学知识，并据此建构一个生活情境。

（3）画一画：设计这个生活情境中的人物和背景。

（4）思一思：在生活情境中怎么运用数学知识解决问题？

活动后续：将优秀的绘本作业先进行班级展示，制作成展板后再进行年级展示。组织同学们对绘本故事的流程和知识点等进行交流，分享创作过程中遇到的困难等。

设计意图：本作业将数学知识点和语文故事创作、美术人物等设计进行跨学科融合，让学生在发挥想象创作的过程中思考数学在生活中的实际应用。

·实例6：阅读分享家（六年级）·

活动背景：数学不仅是一门科学，也是一门文化，数学不仅是一门知识，也是一种素质，数学不仅是真的，而且是美的。对于六年级的学生，不能只让他们看到数学的严谨性，更要让他们体会到数学的内在美。主题活动"阅读分享家——分享数学家的故事"由此而来。

活动要求：

（1）看一看：数学史上出现了许多著名的数学家，他们当中发生的故事都跟生活数学紧密联系。

（2）思一思：他们发生的故事会带给你什么样的启发？

（3）做一做：制作成PPT进行讲述和分享。

（4）想一想：如果是你，你会怎么做呢？

设计意图：分享数学家的故事，分享数学的美。数学家在生活中遇到的数学问题，他们是怎样解决的，学生能从中得到一些启发，感受到数学的内在美。教师利用信息与技术的融合，在分享中实现对学生其他技能的训练。

《义务教育数学课程标准（2022年版）》对作业提出了新要求，①作业由检测型转变为输出型，致力于培养自主学习能力；②作业在巩固复习知识点的基础上，提出了多目标学习，提升综合能力；③学习能力目标提出新要求：乐学与善学、选择与调整、合作与探究。根据这些要求，我们学校各年级的数学教师展开学习与讨论，根据各年级的教学内容和学生的实际情况，有意识地设计相关有趣好玩的寒假特色作业，让学生在完成作业的过程中，动手操作，发展数学思维能力，在生活中实践并解决实际问题，充分感受数学在生活中无处不在，发挥着重要作用，同时适时了解数学文化，提升学生的数学素养。我们学校数学科组发挥集体智慧，在设计寒假特色作业和实施过程中，着力在以下几个方面进行了探索。

第一，设计情境式作业，让学生主动学习，动手实践。低年级的学生对周围的事物充满了好奇而且注意力容易分散，通过创设具体的情境，可激发他们学习的兴趣，调动其积极性去参与并完成。一年级创设"我是小小钟表匠"的情境，鼓励学生对钟表知识认真回顾，仔细观察钟表上的组成元素，并动手制作钟表，会在钟表上比画出具体的时间。二年级创设"我是小小采购员"的情境，让学生亲自到超市里进行购物，购买日常所需的物品，从实践中考验他们是否能正确使用人民币进行交易，所带的钱是否足够支付等，培育学生数学思维能力，帮助学生在实际生活中运用数学知识解决问题。

第二，设计导图式作业，让学生归纳整理，提升总结。数学知识可以看作一个连贯的网络图，这个网络图可以由一个中心扩展成很多个不同的分支。通过思维导图的形式整理每个学期所学的数学知识，把数学知识串联起来，有助于学生对数学知识的深入理解，建立更全面和系统的数学知识体系。三年级的学生在教师的指导下，对所学的数学知识进行归纳整理，画出有自己特色的思维导图，归整出自己的数学知识体系，提高数学知识点的连贯性。四年级的学生在此基础上，创作出独具特色的数学小报，可以是自己感兴趣的数学知识点，也可以是自己的创意整合，充分发挥自己的创新思维能力。

第三，设计阅读式作业，让学生感受数学文化的魅力。数学作为一种文化，体现了人类对于世界的观察和思考。数学不仅仅是一连串的符号和公式，更是对于形式、结构和变化的理解。通过数学，我们能够揭示自然界和社会现象中隐藏的规律和模式，实现对世界的深入理解。渗透数学文化、数学故事等有助于学生通过数学知识的运用，触摸到现实生活中的数学温度，看到数学史料闪烁的光彩，品味数学的人文精神及底蕴。五年级的学生以创作绘本的形式，让学生在生活中寻找数学的故事，揭示数学知识的奥秘。六年级的学生融合信息技术，在阅读数学家的故事时，运用信息技术制成PPT进行师生之间的分享，感受数学家在生活中发现数学、解决数学问题的历程，体会数学文化的魅力。

假期特色作业在一次次优化设计中，不仅要考虑到学生的认知特点和教材内容设计趣味内容，还要注重学生探索思维能力和解决问题能力的培养，再者是与其他学科跨学科知识的融合，进而落实数学核心素养的培养。通过数学假期特色作业把一次次作业变成一件件艺术成果，加强数学与生活经验的融合且提高特色作业的多样趣味性，使数学假期作业真正成为学生益智长知、培养数学核心素养的有趣活动。经过长期的活动训练，不仅能使学生深入理解数学、体验数学乐趣，还有助于引导学生留意观察生活，感受数学在生活中的运用，激发学生兴趣，发展其创新思维能力。

以下是学校数学科组"假期特色作业"作品成果展示：

对小学数学特色实践活动作业的探索与实践

惠州市第十一小学金榜分校　姚冬梅

新课标指出："综合与实践"是一类以问题为载体，以学生自主参与为主的学习活动，是学生综合运用所学的数学知识、思想、方法解决一些数学问题或现实问题的过程，目的在于培养学生的问题意识、应用意识和创新意识，积累学生的活动经验，提高学生解决现实问题的能力。因此教师在进行综合与实践活动作业时应该充分发挥自身的能动性和学生的主动性，从现实生活和学生实际出发，引导学生用数学的眼先去寻找问题、提出问题、设计方案、开展实践、形成思考，培养学生综合与实践的意识和能力，提高其数学素养。那么教师应该怎样进行"综合与实践"教学，才能有效实现这一领域的教学目标呢？本校数学科组效仿综合实践活动课程形成的"发现和提出问题—成立研究小组—制订研究方案—开展研究活动—呈现研究成果"的活动作业模式，做了以下探索与实践：

一、研究教材，联系实际设计问题

问题是激发学生开展数学综合与实践活动的直接动因，设计问题就是设计"综合与实践"的活动作业内容，要使学生充分、自主地参与综合与实践活动作业，选择恰当的问题是关键。教材把"综合与实践"内容与"数与代数""图形与几何""统计与概率"等相关知识有机结合起来，以问题的形式呈现出来，通过游戏或活动的形式让学生在具体的活动中尝试应用所学的知识和技能解决问题。好的"综合与实践"活动作业选题，应该具有以下特点：一是现实性；二是开放性；三是综合性；四是实践性。问题既可以来自教材，也可以由师生共同开发，课标提倡教师自主研发适合本地学生特点且有利于实现综合与实践课程目标的好问题。问题首先要具有研究价值和可操作性；其次是学生要感兴趣，通过努力可以解决问题。教材中综合与实践的内容是面向全国的，城市和农村、经济发达和欠发达地区当然存在差别，有些内容可能与学生实际生活相去甚远，这就需要教师根据实际情况有所取舍、有所创造。教师要引导学生细心观察生活，根据生活现象提炼出一些适合作为综合与实践活动主题的问题。

生活实践中的数学无处不在，问题可以来自学生个人成长（如学生的年龄、体重、身高、作息时间、学业成绩等）、家庭生活（家庭用水、用气、用电、衣食消费、家庭旅游等）、学校生活（布置教室、评选班委、图书管理等）、社会生活（交通、能源、环境、装修、压岁钱、测量等）等领域。从数学课程标准所附的案例可以看出，"生活中的轴对称图形""上学时间""旅游计划""绘制校园平面图""估计高度""象征性长跑""包装盒中的数学""从年历中想到的""利用树叶的特征对树木进行分类"等都是取材于学生熟悉的生活。联系实际也可以联系学生的学习实际。本校数学科组结合学校开展的德育主题"我是文明小卫士"活动，引导学生细数校园内不文明行为，提炼出一些适合作为数学综合实践活动作业主题的问题。针对低年级学生洗手后不关水龙头、打水仗等浪费水的现象，六年级数学教师结合课本"生活中的数"中的练习题"节约用水"开展实践活动，通过查找资料、询问他人、做调查，引导学生逐步归纳问题：一个没拧紧的水龙头1小时会流掉多少水？大约几小时浪费的水就是供一个人一天使用的量？一个月流掉的水可以供一个人使用多少天？以此为依据，预测学校50个水龙头如果没有拧紧，一个月（30天）会流失掉多少水？在学生学习了"圆柱和圆锥的体积"单元后笔者开展了以"旋转"为主题的综合实践活动。笔者先让学生旋转长方形、直角三角形、正方形、半圆形等小旗，观察形成了什么立体图形，再旋转直角梯形小旗，思考以哪个底边为轴旋转得到的旋转体的体积大。然后布置学生分小组合作设计各种形状的小旗，发挥想象，猜想、观察旋转出来会是生活中哪种物体。在课堂教学中笔者发现学生对我国古代数学史、数学家的故事很感兴趣，于是笔者围绕我国古代算术悠久的历史及辉煌的成就这一主题开展综合实践活动，并将实践活动与学校每年的读书节和艺术节等活动相融合，学生参与的积极性非常高。

本校有位教师在教学"平移与旋转"时，授课最后设计了一个游戏环节：①先用多媒体介绍中国三大古代智力游戏之一——"华容道"；②游戏"离开停车场"：这个游戏也叫作"汽车华容道"，小红车被挡在里面了，怎么才能按游戏规则移至出口呢？但因时间不够学生没有展开活动就下课了，笔者灵机一动，建议她以"平移与华容道"为主题开展综合实践活动。游戏是学生日常生活中常见的，能较好地激发他们的活动热情，享受玩的乐趣。

二、研究学情，合理设计活动环节

新课标指出：教师在设计和实施综合与实践活动作业时应特别关注学生参与的方式、学生的合作交流活动过程、结果的展示与评价以及活动过程中师生互动的要求等。综合与实践活动有别于学习具体知识的探索活动，更有别于课堂上教师的直接讲授，可以在课堂上完成，也可以课内外相结合完成。这就要求教师除了深入研究教材、合理确定实践活动目标外，还要深入研究学情，了解学生学习起点和学习规律，根据不同学段学生的年龄特征和认知水平，合理设计综合实践活动环节，激发学生参与综合实践活动的热情，最大限度地发挥学生的潜能，让学生体验学习数学的乐趣。

综合与实践活动作业的形式也因不同学段学生的年龄特征而有所侧重，低学段学生以游戏为主，高学段学生以调查实验为主。教师要注意在整个活动过程中的辅导、激励作用，要不断和学生交流，给他们提供辅导，提出指导性意见，比如对研究方法的指导（上网、做实验、问家长等）。教师和学生一起确定实践活动作业的主题后，教师根据实践活动主题和目标决定全部还是部分学生参与活动前的研究、全班划分成几个小组进行研究、是对所有内容还是部分内容进行研究等。对课外难度较大的问题，可以只让部分学有余力的学生进行调查研究，然后在课堂上展示交流，其他学生能听明白即可，不强求一致。对课外难度较小的问题，可以让学生都参与，参与的形式不限，可以是小组的形式，也可以是学生个体，同时欢迎学生家长参与孩子的实践研究，增加活动主题的深度和广度，起到激发兴趣、开阔视野的作用。在实践活动作业前让学生明确实践活动的任务，教师对活动的时间提前做出安排，给学生留足活动的时间。在进行综合与实践活动作业时教师应创设一些典型问题情境（从数学到生活、从问题到应用），引导学生开展调查、探究、实验、测量、统计等数学实践活动。可以让学生根据确定的主题，小组成员合作进行研究，及时向教师汇报，形成本小组比较满意的活动成果。在课堂上进行活动成果的展示、交流时教师要引导学生进行辩论和再研究，既要保证基本教学任务的完成，又要让学生的数学才能得到展现。引导学生交流在调查过程中用到了哪些数学知识，学到了什么，遇到了什么困难，打算用哪种方式呈现自己的探究过程和结果，通过实践懂得了什么，今后准备怎么做……学生介绍自己的具体做法和体会并记录下来形成调查报告。

笔者在设计以我国古代算术悠久的历史及辉煌的成就这一主题的综合与实践活动（作业）时，考虑到我国是世界文明古国，中国传统数学源远流长，呈现出鲜明的"东方数学"色彩，对世界数学发展的历史进程有着深远的影响，但大多数学生对此并不知悉，能说出古代数学名著、数学家的不多，不少学生了解的还仅仅是课本中有所涉及的祖冲之或杨辉等。因此笔者在开展综合实践活动课时，先让学生自行搜索自己感兴趣的古代经典数学内容，可以是数学诗词、经典古题、古代名数学家等，方法也可以多样，上网查、看书报、问家长等；然后自编古代经典数学这一主题的小报，在课堂上让学生互相交流、欣赏：自编的数学小报中设计的栏目有古代名题选编、数字古诗赏析、数学史长河、古代数学家的故事等，把学生的优秀作品在学校每年的读书节和艺术节活动中展示出来。最后让学生写下开展这一主题活动的数学日记，记下在活动中搜寻素材时对我国古代数学在历史长河中的作用及古代数学家严谨的治学态度、顽强的毅力等产生许多感想和感悟。这个实践活动作业不仅受到学生欢迎，也得到家长的好评。又如以游戏的形式开展的"平移与华容道"实践活动作业，把中国古典智力游戏三绝之一——华容道带进数学课堂，课前让学生查找"华容道"的典故，了解华容道的解法和五种经典开局（近在咫尺、小燕出巢、走投无路、水泄不通、勇闯五关）和其他滑块玩具，如好汉排座、五子聚会、老虎进笼、牛郎织女、停车场等，课堂上呈现游戏情境，引导学生分组进行互动游戏。学生在数学课堂或作业中玩游戏直呼过瘾。游戏满足了学生的好胜心理，让他们在求胜心理的作用下掌握知识，体会应用数学知识的乐趣。

三、研究资源，灵活充实活动素材

综合与实践活动作业的素材可以来源于生活实践，也可以来源于数学知识体系。教师要为学生提供开展数学活动的机会，引导学生在实践活动中思考和感悟，使学生在"做数学"的过程中理解和掌握数学知识。同时充分挖掘学生生活、学习中的资源作为活动素材，选用贴近学生生活的素材。数学就在我们身边，教师应强化数学与生活的密切联系，积极引导学生收集和积累数学应用的事例，如储蓄、保险、打折、股票走势图、人口增长率、出租车/公交车等的计费、水电阶梯度核费等具有实践性的生活事例，让学生感受到数学在生活中的广泛应用。在学习"数与代数"知识后，可以组织学生开展收集人类发现数与代数语言的历史、数学符号的起源及演变等实践活动课；在学习"图形与几何"知识后，可以开展介绍祖冲之的圆周率等史料知识的实践活动。在学生学习了几种立体图形的表面积和体积后，可以以"鸭蛋体积测量"为主题开展实践活动；或以体现数学应用的故事、成语、典故等为主题开展实践活动（如测量不规则物体体积"乌鸦喝水"、解决对策问题"田忌赛马"、加法简便运算"高斯巧算加法"等）。

本校的省立项重点德育课题《基于节日文化的小学德育特色研究》中"我们的春节之旅"就是结合学生的生活实际，围绕"春节"设计的综合实践活动作业。我们效仿综合实践活动模式，把综合实践活动课程的理念、研究性学习方式迁移到数学的综合与实践活动之中。在该活动中，学生既要了解春节的风俗等知识，又要运用数学相关知识解决问题，体会数学在日常生活中的应用价值，数学知识得到延伸、重组与提升，强化了数学学科与其他学科知识与方法的联系与综合，这个实践活动得到了不少家长的支持和赞赏。下面是本校的"春节"之旅活动方案。

· 我们的"春节"之旅 ·

学校_____　　　　班级_____　　　　姓名_____

寒假，我们迎来了中国的传统佳节——蛇年春节。神州大地上，家家欢声笑语，户户张灯结彩，年味儿四处飘香：煮饺子、贴春联、放鞭炮、拜大年……同学们，让我们动起手来，参与到这个有意义的春节中来吧！

★"春节"之旅第一站：**备年货**

现在我们生活富裕了，家里要啥有啥，可是过年了，总得再备些年货吧，孩子们，你能帮助家长一起买年货吗？货比三家，把你准备的年货清单写下

来，算一算一共花了多少钱。（别忘了你最喜欢的新衣服）

_____

_____

★ "春节"之旅第二站：贴春联

节日的气氛真浓啊，家家户户门脸儿上，少不了一副好春联，用来祝愿人寿年丰、大吉大利、万事顺意。你们家准备了吗？赶快给爸爸妈妈出出主意，该贴什么春联呢？你找到十条，让家长选择吧。（最好你能帮忙写）

_____

_____

请你算一算买春联、窗花一共花了多少钱，算一算春联的总面积，估计一下大小是否合适。

_____

_____

★ "春节"之旅第三站：过除夕

大年三十吃年夜饭是咱中华民族的传统，一家人围坐一起乐呵呵，免不了话家常、叙亲情……我们一家三代人各自说说十二三岁那年的春节怎样？

爷爷、奶奶、外公或外婆的回忆：（选择一个也可）_____

爸爸妈妈的回忆：_____

我的此刻：_____

大人的感想：_____

我的感想：_____

根据爷爷奶奶、爸爸妈妈的出生年月日给他们编一个身份证号码，并对比正确的身份证号码：_____

爷爷（外公）：_____

奶奶（外婆）：_____

爸爸：_____

妈妈：_____

★ "春节"之旅第四站：拜大年

春节走亲访友，爸爸妈妈的亲戚多，朋友也多，你也有自己的朋友要走访，该怎么安排呢？把你们一家拟好的计划写下来吧，也可以列张表格哦！

_____

_____

要走亲访友少不了交通工具，请你根据路程和速度，估计下多少时间可以到达亲友家，算算你一共买了多少礼物、花了多少钱。请把你的算法写下来：

_____

_____

★"春节"之旅第五站：压岁钱

这个春节，收了不少压岁钱吧？赶快把自己的压岁钱统计一下。你打算把这些压岁钱怎么办呢，能说说你的计划吗？

_____

_____

请你调查银行利息，如果存入银行的话，到明年你一共能领回多少钱？请把过程写出来。

_____

_____

★"春节"之旅第六站：贺新年

"爆竹声中一岁除，春风送暖入屠苏。"辞旧迎新之时，我们又长大了一岁，自己一定有很多新年愿景，把你对自己的祝福写下来吧！

_____

_____

慢慢地，我们感受到了春天的气息，新年新气象。你有什么祝福要送给亲朋好友和老师的吗？给小伙伴和老师发个创意短信息吧，并写下来。（别忘了用上你所学过的英语祝福语）

_____

_____

★"春节"之旅第七站：终点站

"春节"之旅很快就要结束了，乘坐此次快乐之旅，希望丰富你们的生活见识，带给你们快乐和享受，让我们的爸爸妈妈也参与到此次综合实践活动中来，请你们来评价一下此次活动：

1. 孩子在寒假是否认真看课外书了？

非常认真（   ）   比较认真（   ）   还不够（   ）

2. 孩子上述记录，你如何评价？

非常满意（   ）   比较满意（   ）   还需努力（   ）

3. 孩子是否积极参与实践活动？

非常积极（   ）   比较积极（   ）   无动于衷（   ）

4. 实践过程中孩子遇到难题，有没有主动请教？

有（   ）   没有（   ）

5. 通过此次活动，您认为您的孩子的哪些能力还需提高？

_____

_____

6. 对于此次综合实践活动有什么意见和建议：

_____

_____

家长签字：_____   时间：_____

乘坐了"春节"之旅，看了家长对您此次活动的综合评价，你对自己的表现有何评价？也一定有很多话想说，请写下来，别忘了也工整地签下自己的名字。回来我们要评奖的哦！

签字：_____   时间：_____

四、研究课程，深刻把握教育价值

积累数学活动经验、培养学生应用意识和创新意识是数学课程的重要目标，"综合与实践"是实现这些目标的重要载体和有效载体。数学课程标准在教学建议部分指出：综合与实践的教学重在实践、重在综合。重在实践是指在活动中，注重学生自主参与、全程参与，重视学生积极动脑、动手、动口。重在综合是指在活动中注重数学与生活实际、数学与其他学科、数学内部知识的联系和综合应用。由此我们不难理解"综合与实践"的内涵：一种学生人人参与、全程参与、自主参与，具有综合性、实践性、开放性和挑战性的数学活动。综合与实践旨在综合应用数学思想、方法、知识、技能解决问题，在解决问题的过程中提升学生的综合素质，促进学生的发展。综合与实践通过问题的提出、解决，让学生把已经学习过的数学各领域知识整合起来，在实践活动中解决问题，把数学与其他学科的知识联系起来，在解决问题的过程中体会数学各领域知识间的关联，学生在综合与实践活动过程中将书本上学过的知识和方法转化为解决问题的能力。综合与实践活动让学生在设计、调查、实践、探究、反思、体验的过程中深切体会到数学来源于生活又应用于生活，使学生了解数学学习的价值，激发其学习数学的积极性和主动性。

如新课标"课程内容及实施建议"中的案例"旅游计划"，这是目前被大量采用的实际应用活动作业课题。活动要根据实际情况，综合考虑交通、饮食、门票等支出，还有旅游人数、折扣等多项数据，需要学生调查研究，认真制订计划，学生除了要有相应的数学知识外，还要具备一定的地理知识。这是一个灵活的开放问题，学生在经历解决问题的实践和探索过程中积累活动经验，在这一过程中学生不仅收获了知识，还提高了解决现实问题的能力。

总之，在实施综合与实践活动作业时教师应该认真组织学生开展活动，为学生提供表现和创造的机会，关注综合与实践教学实施的日常化、家常化、随堂化，激发学生的学习潜能，让每个学生在实践活动中都能有所收获和提高。

五、我们的收获：多彩的数学实践活动

本校数学科组结合学校的科技艺术节活动，开展丰富多彩的数学实践活动，如"数学活动课——玩魔方表演""有趣、好玩的数学——阅读交流会""数学创意故事改编"等，并尝试让学生完成一些数学实践性作业，收到了不错的教学效果。

本校开展的丰富多彩的数学实践活动作业：好玩的数学活动课——"魔方表演"、"好书分享"、剪纸（轴对称图形）比赛、"开出停车场"（旋转与平移）游戏活动、数学创意故事改编比赛、数学报创作比赛等。

（此论文获广东省优秀论文评比一等奖）

"双减"背景下小学数学作业多维设计的实践策略

惠州市光正实验学校　倪晓君

《义务教育数学课程标准（2022年版）》（以下简称"新课标"）强调："人人都能获得必需的数学；不同的人在数学上得到不同的发展。"2021年7月，中共中央办公厅、国务院办公厅印发《关于进一步减轻义务教育阶段学生作业负担和校外培训负担的意见》（以下简称《意见》）。《意见》指出要全面压减作业总量和时长，减轻学生过重作业负担，要求提高作业设计质量。因此，教师根据作业设计的原则，以激发学生的兴趣、调动学生学习的积极性为目的，布置灵活多样的作业，既注重基础、布置分层作业，也将作业内容生活化，提高作业的趣味性，但往往依然有学生不喜欢写作业，被动完成老师布置的作业，缺乏深度思考，未达到作业的目的。

一、小学数学作业设计的现状

在小学数学的传统教学中，教师在布置作业时，基本都是选择教材中的部分练习作为学生的作业。还有的教师从教辅资料中选择练习作为学生的作业。这种作业的布置形式单一，学生只能被动完成，缺乏主动性。教师是作业设计和布置的主导者，学生只能进行被动接受和实施。这样的作业设计布置方式，对学生的创新思维进行了极大的限制和束缚，不利于学生的个性化发展和主体性发挥。

调查显示，目前小学数学的作业设计内容较乏味、答案基本唯一，学生被动式完成作业，教师对于学生作业的评价也比较单一，基本上都是用"√"或"×"表示正确与否。

这样的数学作业设计，在学生眼里，数学就是做题，毫无新意，极大地抹杀了学生对数学的学习兴趣，遏制了学生的创新思维发展。新课标提出学生是学习的主体，新的课堂要求以学生为主体，对此可在小学数学作业设计方面，适当地把作业设计权交给学生，让学生完成自己设计的作业，变被动完成为主动完成，提升学生内驱力。

下面笔者以"整数乘除法"为例来谈一谈如何减轻学生数学作业负担。

"整数乘除法"是北师大版四年级上册的学习内容，这个单元的知识是学生学习中的一个难点，教材虽然采取分散教学难点的编排方式，但是多数学生对乘除法还是有点不喜欢，甚至有点排斥。针对于此，笔者引用了这样一道题，将数学知识与语文知识互相融合，创造性地设计问题，有利于消除学生对整数乘除法的厌恶感，提高他们的学习兴趣。如：

用竖式计算下面各题，并将题目的结果填入短文中，使短文成立。

$136 \times 14=$ $121 \times 16=$ $130 \div 26=$

$209 \times 9=$ $1210 \div 22=$ $274 \times 7=$

你知道吗？鲁迅是中国伟大的文学家、思想家和革命家。原名周树人，字豫才，浙江绍兴人。（　　　）年出身于落魄封建家庭。（　　　）年前往日本学医，后弃医从文。（　　　）年（　　　）月，首次用笔名"鲁迅"发表中国现代文学史上第一篇白话小说《狂人日记》。（　　　）年10月病逝于上海，终年（　　　）岁。

二、小学数学作业设计的策略

（一）小学数学作业设计主体的多元化

有这样一句话来形容学生作业的必要性："只要地球不会灭，学生都要写作业。"这么说来，写作业是不可逃脱的事情。确实，每节课结束，教师不免会留当天的作业。不管学生是被动接受还是主动接受的，总之，对于学生来说，完成教师布置的当天作业便表示作业已完成，如果能在作业评批上看到"√"那就更好了。可是，这样的作业完成状态，学生是被动的、缺乏思考的，只是一味地当成任务完成即可。那么，怎样才能让学生主动写，让学生有效地写？

布置作业不再是只有教师布置，学生也参与布置，将作业设计的主体从单一到多元。

学生设计作业：如下图（部分学生设计）

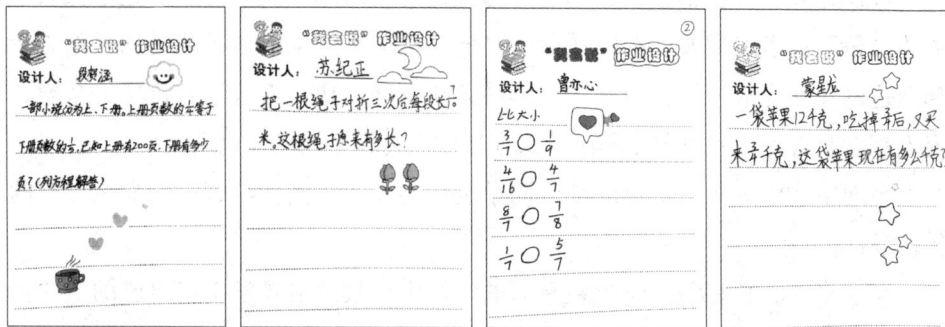

作业设计时间：每周二。

作业完成时间：每周五。

完成作业对象：全班同学。

（二）小学数学作业评价主体多元化

在数学教学中，数学作业是课堂教学的延续和补充，是数学教学的重要环节。而对学生的作业进行科学、全面评价，能帮助学生发现与发展潜能，认识自我、展示自我，促进学生生命整体的发展，创建一个多元化的作业评价体系，也能让学生在作业评价中得到快乐、享受快乐，使他们的情感态度得到充分满足。

作业评价主体不再只是教师，学生也参与其中，采用多元评价：师生双主体的作业评价、生生之间互评互改、生评师辅等形式进行评价。

借用学生设计的作业，学生完成的作业，学生与学生之间互相评价。遇到不懂的题目，学生与学生之间互相交流、主动学习。

这样的作业设计，学生在思考后设计的作业，在设计作业后有班级同学的参与，大幅度提升了学生的荣誉感、自豪感，激发了学生学习的主人翁意识，提高了学生的学习兴趣。

这样的作业设计，学生评批同学的作业时，经历"我会说"，不但教会了那些同学，还提升了自己的"说理"能力，"理越辩越明"。

这样的作业设计，不同层级的学生自主完成不同层级的作业，各层级学生都获得相应的提高。每位学生都争先恐后地、积极主动地参与同学设计的作业，班级的学习氛围更好了，渐渐地喜欢上数学了。

（三）小学数学作业设计的层次性

分层作业，学生根据自己的能力选择适合自己的作业来完成。这不仅关乎作业"量"的多少以及作业"质"的高低，更关乎学生对自己能力的评估并选择合适的作业完成，及其将来的继续持续化发展。让"人人学有价值的数学，人人都能获得必要的数学，不同的人在数学上得到不同的发展"。

下面笔者以五年级某班的部分同学设计的作业为例，聊聊组织学生参与的作业设计。

第一步，收集好题：学生在平时的学习中，教师引导学生将自己的一些错题或者典型题收集到专属本子上，并写出思考过程。通过收集好题，学生对题目进行分类整理，培养学生举一反三的能力，同时学会整理总结，提高表达能力、思维能力。

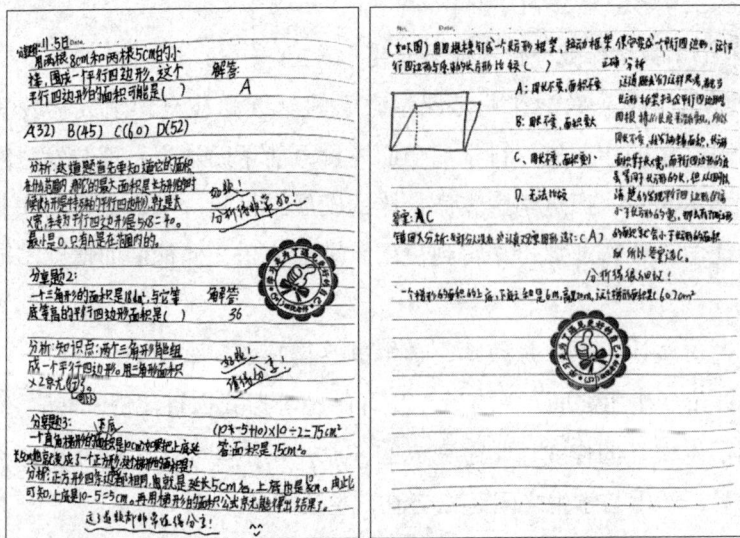

第二步，当该单元知识学习完毕，每周二从自己的专属本中选择一道题记录在"作业设计单"中（注意：学生设计的题目难易要适中），每周二上交给任课教师审核。通过对好题的挑选，学生重整数学知识，回顾知识内容，形成知识网络，提升总结归纳能力。

第三步，教师审核：教师根据学生设计的作业，对题目的书写、合理性、难易程度进行审核，对学生设计的作业进行分层，简单题目（供基础较差的学生）标记1号题，拓展题目（供中等的学生）标记②号，思维题目（供学有余力）标记③号选择，如下图。当然任课教师要根据学生的学习水平对全班学生进行分类，分别为①②③类，建议学生完成对应类别的作业，也可以适当挑战高一级的作业。分层作业，人人都能获得必需的数学，不同的人在数学上得到不同的发展。

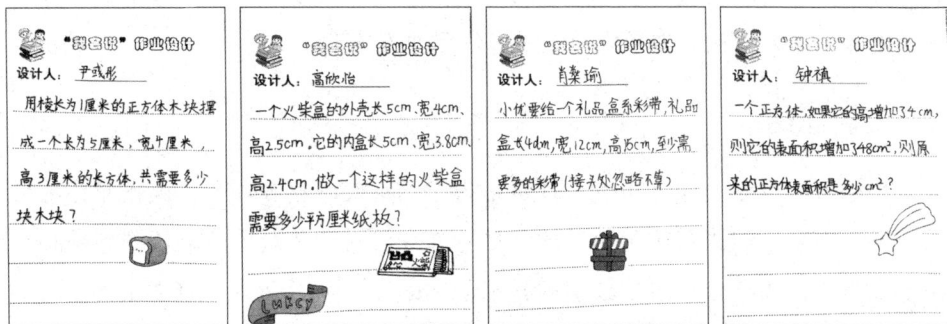

"数宝贝"作业设计
设计人：尹或彤
用棱长为1厘米的正方体木块搭成一个长为5厘米、宽4厘米、高3厘米的长方体，共需要多少块木块？

"数宝贝"作业设计
设计人：高欣怡
一个火柴盒的外壳长5cm，宽4cm，高2.5cm，它的内盒长5cm，宽3.8cm，高2.4cm。做一个这样的火柴盒需要多少平方厘米纸板？

"数宝贝"作业设计
设计人：肖粲瑜
小优要给一个礼品盒系彩带，礼品盒长4dm，宽12cm，高15cm，至少需要多少的彩带（接头处忽略不算）？

"数宝贝"作业设计
设计人：钟镇
一个正方体，如果它的高增加了4cm，则它的表面积增加了48cm²，则原来的正方体表面积是多少cm²？

第四步，展示设计：教师将审核后的作业进行展示，以便全班学生进行观摩学习，树立榜样。

第五步，作业完成：全班同学按照自己的类别，完成属于自己类别的作业（设计者不需完成自己设计的作业，只需完成其他同学设计的作业），完成后也可以挑战高一级的作业，挑战成功，有相应的奖励，作业完成时间截至每周五。通过完成同学之间设计的作业，学生在完成自己等级作业后挑战高一级作业，提升学习的内驱力，同时拓展学生的知识面。

第六步，作业批改：每位同学完成相应的作业后，将作业交给设计者（谁是设计者谁批改）进行批改。作业评价主体的多元化，提升学生学习内驱力。

第七步，作业评讲：设计者批改作业（这道题是谁设计的，只要完成这道题的同学作业都由这位设计者进行批改）后，答对者有相应的奖励；答错者，由设计者进行评讲，直到理解为止。通过学生之间对作业进行讲评，培养学生的数学语言表达能力，做一个讲道理的学习者。

第八步，作业反馈：全班学生于每周五放学前将此类作业（我们班取其名曰"学习是为了遇见更好的自己"）上交，教师对完成情况进行分析、反馈，重点关注答错的学生，并按照约定的奖励进行登记。

第九步，约定奖励：我们班约定的奖励是：参与作业设计按1分计，审核通过的作业设计按2分计，完成作业按0.5分/道计，批改正确的作业按0.5分/人计，讲解作业按1分/人计。

当然，这只是一个简单的作业设计例子，我们要真正减轻学生数学作业负担，还要改变以"练"为主的机械操作式的作业模式，设计新型的数学作业，将书面练习与动手操作相结合、将课本作业与实践活动相结合、将独立练习与合作探究相结合等，逐步实现作业方式的多样化，让更多现实的、有趣的、探索性的数学学习活动成为学生数学学习的重要方式。

三、总结

小学数学作业设计、布置、评价是教学的重要内容和环节，能使学生有效巩固教学内容，加深对相应知识的记忆。如今要转变传统思想，改变作业设计和布置方式，要结合具体的教学内容和学生的实际学习能力，以学生为中心，科学合理地设计和布置作业，促使学生积极有效地完成作业，进而有效地提高教学质量和效率，增强学生的学习效果。

综上所述，小学数学是学生学习的基础学科，在具体的教学中，要重视教学的有效性，更要重视作业的设计，要以学生为主体，进行作业设计时，把部分权力下放给学生；在具体设计和布置时，应用分层方式，促进各层级学生都能积极完成作业，并获得相应的提高；在实施作业评价时，要改变思路和方式，进行分级评价，给予学生更好的鼓励和引导，最终促进数学课堂教学质量和效率的提高，有效提高学生的学习质量。

参考文献：

[1]孙春育."双减"背景下小学数学长作业的价值探寻与资源开发[J].小学教学设计，2022（8）：41-43.

[2]包碧宏."双减"背景下的小学数学作业设计与思考[J].当代家庭教育，2022（12）：38-41.

[3]孔珍.小学数学综合实践活动课程：多元设计与校本实践[M].北京：北京理工大学出版社，2020.

"双减"背景下小学数学中高年级作业设计策略研究

惠州市中洲实验小学　党珍珍

一、"双减"背景下，提高作业设计有效性是关键

随着课程改革的不断深入，对知识掌握程度及使用越来越灵活，有效且高效的作业设计是对课后复习巩固的有力支撑。"点、线、面"三维设计，提高作业有效性。

（一）从"点"入手，夯实基础知识与技能

提高作业设计有效性的根本是紧随教育目标，对齐教学重、难点，改变传统观念，大力改革与创新，丰富作业形式与方法，以及多元化的作业评价，去激发学生的学习热情，提升完成作业的参与度，调动学习主动性。在设计作业时，应当结合学情现实，充分考虑到学生的个体差异，根据不同类型的学生设计不同层次的练习与题目。以便更好地满足每一位学生的学习需求，从而使他们经历高质量的练习与实践。但是，切记不能陷入"题海战术"，因为量变不等于质变，只有"精练、精做、精思"才能真正达到高效作业的效果。

（二）抓点促"线"，拓展实践创新综合能力

数学来源于实际生活，也应服务于生活。我们在设计作业时，应当注重练习的生活性与实践性。贴近学生的真实生活，灵活使用主题活动，去激发学生的好奇心与创造力。适时体验项目式学习，增强学习动力，大胆提出数学问题并加以验证，拓宽知识面，提升创新意识，勇于解决非常规性、开放性的数学问题，从而形成积极科学的学习态度，提升核心素养。

（三）以线带"面"，渗透多学科融合

"双减"改革与新课标对作业设计提出了新的要求。由"1+1=2"转变为"1+1大于2"，为了最大化教学效果，将孤立的知识融合、精简的多学科融合化作业无疑是一种以学生发展为视角的优化途径。它不仅关注学生的全面发展，还提高了作业的趣味性，丰富了作业形式，提高了学生的应用意识，深化了数学文化底蕴。

二、"双减"背景下改变传统作业设计的有效策略

（一）信息技术与小学数学高年级作业设计融合

首先，我们应该借助信息技术设计每日预习作业。有效的预习不仅是开展课堂教学活动的重要保证，也是激发学生学习积极性的重要环节。在以前的教学活动中，大多数预习作业都是让学生粗略地浏览教科书的内容，并举一些生活中的例子。这种方法很难让学生理解新课程的重点，也不能达到理想的预习效果。我们可以让学生观看相关的预习性学习材料，让学生独立收集学习材料，增加预习作业的兴趣，拓宽学生的数学视野。学生在利用信息技术做作业的过程中，可以让学生针对作业中的主要元素进行收集，在利用信息技术平台和资源的过程中全面提高自己的学习能力和创新能力。

（二）小组合作课堂探索作业

在课堂上，采用小组合作课堂。根据学生不同的理解水平，设计多样化的课堂作业，组织学生进行小组合作，提高讨论作业的比例，促进学生之间的交流和讨论，有效实现学生独立思考能力和分析能力的发展。

课外作业主要是培养学生的思维能力，帮助学生巩固知识。提高独立思考能力是构建知识体系的主要途径，因此，我们应该合理设计课后作业，摒弃将课本和试卷上的练习作为课后作业的传统做法，注重培养学生的总结能力和思维能力，培养学生形成整理错误习题的良好习惯，及时总结学习中的问题，引导学生进行单元或章节总结，培养学生建立知识体系，加强数学思维。小组合作学习不仅能够让学生充分地认识到，在探索数学作业的过程中，他们有着主观能动性和自主创新性，在激发自我潜能的过程中，他们也能够对较为基础的数学知识有深刻的把握，这样他们才能够在小组合作的过程中推动小学数学内容的了解，在设计作业的过程中，也需要设计一些小组合作共同去完成的作

业，这样能够提高他们的团队精神、团队意识和共赢观念，这样不仅能够让学生在学习数学的过程中收获更多的素质教育，也能够让他们了解到学习知识、探索知识的过程中，可以通过互助共赢的方式去提高自我能力。

（三）侧重培养学生归纳思维，提高总结能力

归纳思维系统可以提高学生的个人总结能力。在作业设计过程中，我们可以运用思维导图和联想记忆的方法，为学生构建一个系统全面的思维网络和框架。在这个过程中，我们应该充分帮助学生总结、接受和思考。不要盲目总结一般规律和特殊规律，我们需要在总结过程中加入自己的思维方式，并能够与他人分享这种思维方式，从而提高自己的能力。归纳总结是对知识、信息、经验等内容的加工、组合、概括和提炼。通过实例，总结了这些规律，推导出其普遍性。根据现有的经验，我们可以节省大量的时间和精力来推导和总结，这对学生的学习非常重要。在数学教学中，可以引导学生牢牢掌握分析的主要内容，提高构建框架、构建日常复杂工作的能力，提取最基本的操作过程，并继续分解每个主要步骤，直到将其分解为无法再分解的最小工作单元。这样可以帮助学生更好地学习数学，在提炼和总结的过程中加深记忆，并对某一知识点有自己的深刻理解和讨论，这对他们以后的学习非常有帮助。

学生能够在学习的过程中提高自己的归纳总结能力，还要鼓励学生进行章节性和阶段性小结，这是学生自己去构建思维能力的一个过程，学生在小结的过程中能够认识到知识量，比起之前非常大的解决问题的主要方法就是让他们进行自己的归纳去得到这堂课的收获。在写小结的过程中也要渗透归纳的思想，在传统的数学课堂上，教师会将概念、定理、公式一次性向学生进行展示，学生会不假思索地利用这些去解决数学中的问题，但是这样的方法对于形成归纳总结能力来说是无益的，建议不同的教师可以引导学生从不同的事物入手，加深自己对公式的理解，在吸收概念的过程中，不断提升自己的总结能力，提高自我创新能力和综合素质，能够解决数学中的更多问题和更多矛盾。

三、总结

"双减"政策下如何进行作业设计的改革，教师在其中发挥主要作用。我们要及时反思，教学相长，及时整理学生的易错点，在不断地反思中积累经验，在积累中不断反思，让作业成为学生成长的载体。提高作业质量，建立高效数学课堂，提高学生的综合素养。本文主要针对信息技术和小组合作的方式让学生去完成自己的作业，在设计具体作业的过程中需要遵循一定的规律，让学生在此过程中，能够提高自己的个人素养，培养他们的数学思维，发展他们的数学核心力量。

参考文献：

［1］王加彪，浅谈数学教学中渗透归纳推理意识［J］.中学课程资源，2018（10）：26-27.

［2］李海涛.小学数学高年级数学课后作业设计的有效性研究［J］.中学课程辅导（教师教育），2016（22）：81.

［3］廖永胜.小学数学高年级数学课后作业设计的有效性［J］.数学大世界（下旬），2020（8）：74.

"双减"背景下小学数学学科
融合作业的设计探究

惠州仲恺高新区第四小学　钟惠娟

一、"作业"的含义与意义

（一）作业的含义

《辞海》对"作业"的解释：为完成生产、学习等方面的既定任务而进行的活动。从该阐述可以看出，"作业"是一个很宽泛的概念，它主要是针对生产活动的。

《教育大辞典》则把完成学习任务的作业分为课堂作业和课外作业两大类。课堂作业是教师在上课时布置学生当堂进行检测的各种练习，而课外作业是学生在课外时间独立进行的学习活动，检测学生是否学会了课堂上讲授的知识的一种方法，一般都是家庭作业。这里泛指课堂内外的练习和作业任务。

（二）作业的意义

作业是课堂教学的延伸与拓展，是提高课堂教学效率的重要手段和保证，是对知识的巩固和运用，是课堂教学的重要组成部分。作业既是教师了解学生的一种方式，也是训练学生思维和培养学生能力的一种方式。在"双减"背景下的今天，教师应从培养学生做作业的兴趣入手，让学生想做作业、乐于做作业，从而提高学生的学习欲望，锻炼学生的意志，培养学生独立做事的能力。

二、作业的现状

（一）作业量过多

作业太多也是"双减"政策要解决的核心问题，在以往教学模式中，由于教师习惯采取题海训练的方法，这就很容易造成学生作业量太多这一问题的产生，再加上其他科目的作业任务，层层叠加的任务对学生学习造成了很大的压力。沉重的作业量也容易使学生出现厌学情绪，于是减少作业量变成"双减"措施的主要任务。

（二）作业重复性太高

由于经常性的题海训练，导致一系列的问题，如相同题型多次反复练习，当孩子反复做这些题的时候，在感到枯燥和无趣的同时，还无法加深对题型的印象。或许重复的书写练习可以使吸收能力快的学生快速地提高数学成绩，但固化的数学思维也会在这当中间接产生，学生在遇到没做过的问题类型需要灵活变通的时候就会变得束手无措，这就将对学生的发散思维能力的培养和形成造成不好的影响，进而导致学生思维固化的现象。

（三）形式简单

小学数学教师设计作业时，考虑到布置和检查的方便，通常以书面作业形式出现，以数学练习册为例，练习册编写以课本重点知识展开，对学生巩固基础知识具有推动作用，但是作业形式简单，多元性不强，容易导致学生思维僵化，无法灵活地解决问题，不利于培养学生的发散性思维。

（四）设计内容统一

由于要求低年级的学生不能有带回家的书面作业，所以大部分学生都是在课后服务时间完成教师布置的练习，教师一般会在同一班别的学生中，布置同样的作业，其形式、内容是统一的，并且会根据中等学习能力的学生，制定一个统一的做作业的时长，比如25分钟完成一张练习，这样的要求对一些学习能力较差的学生来说，时间是不够的，要在规定的时间内完成困难较大，因此会对这些学困生的学习造成巨大的负担。但是同样的作业，对一些优等生来说可能十几分钟就能完成，这对其能力的发展是不够的，也是不利的。

（五）内容枯燥乏味

小学生自身年龄较小、习惯于用自身的认知来看问题，教师在设计作业时，若只注重对知识点的检查，易造成作业内容枯燥、无趣，学生就会出现厌烦心理、不愿主动完成作业等现象，从调动学生学习能动性出发，教师要将趣味性这一因素引入作业设计当中，迎合小学生的兴趣和爱好，让他们喜欢上作业，从而更积极主动地去学习。

（六）无法与数学能力的应用形成关联

数学来自实际生活，那么设计的数学练习也应该能够应用到生活中去。但是，应用数学基础知识是绝大多数数学教师在设计课后作业时优先考虑的内容，与此同时所设计的应用题的内容也相对简单，进而使学生与实际生活没有过多接触，从而使学生认为实际生活中数学知识难以运用且无用处。因此，知识与实际生活的联系是我们教师在课后练习设计中最应该重视的一点，以提高知识的应用，使数学作业更加有效。

三、"双减"背景下小学数学学科融合作业设计的方法

在"双减"政策背景下的今天，我们教师应从作业的主体——学生出发，让学生从对作业不感兴趣到想做作业、乐于做作业，从而提高学生的学习欲望。所以，我们在设计作业时，要设计具有趣味性、实践性和开放性特征的作业，同时引导学生在这些作业活动中充分发挥自己的潜能。为此，本文初步探讨了小学数学作业与其他学科融合的实例，让数学知识渗透于各学科之中。

（一）与语文学科相融合，让学生在数学作业中感受语文的"悟"能力

不少学生认为数学作业乏味，不如语文作业有趣。小学生爱听故事、好奇心强，因此，数学教师应根据学生的这一特点，适合引入一些与教学内容相关的成语、古诗、谜语、数学日记、四宫格画等，帮助学生展开思维，激发学生的学习兴趣。

例1：在学习完六年级上册"百分数的认识"这一课后，我们可以设计这样的数学作业。

题目1：根据下面的成语猜百分数。

百战百胜（　　　）

十拿九稳（　　　）

百里挑一（　　　）

半途而废（　　　）

一刀两断（　　　）

事半功倍（　　　）

题目2：根据下面的描述猜出成语。

100%的命中率（　　　）

生还的可能性只有10%（　　）

50%的国土（　　）

中奖的机会只有50%（　　）

题目3：你还能找到哪些与百分数相关的成语呢？

例2：在学习完六年级上册"合格率"和"百分数的应用（一）"后，我们可以设计这样的数学作业。

通过阅读下面的两首古诗，完成以下的问题：

古诗一	古诗二
山村咏	**怀无题**
邵　雍	无名氏
一去二三里，	春水春池满，
烟村四五家。	春时春草生。
亭台六七座，	春人饮春酒，
八九十枝花。	春鸟弄春声。

题目1：古诗一中表示数字的字数是四句诗总字数的百分之几？

古诗二中"春"的字数是四句诗总字数的百分之几？

题目2：古诗一中表示数字的字数比四句诗总字数少百分之几？

古诗二中"春"的字数比四句诗总字数少百分之几？

题目3：你可以列举一首学过的古诗，并提出一个类似的百分数计算的数学问题吗？

例3：在学习完三年级下册"面积单位"这一节课后，我们可以设计这样的数学作业。

题目1：通过阅读下面的文章《给姑妈的一封信》，你能从中找出错误并改正吗？

给姑妈的一封信

姑妈：您好！

2月28日晚，我和爸爸登上了开往福州的火车。9：20开车后，我就躺在约1平方分米的卧铺上睡觉，第二天早晨6：20火车到了福州。在火车上的7个小时一切顺利，请您放心！

这次到永安，您安排我们品尝永安小吃，游桃源洞、石林等，真是开心。

由于时间紧，还有很多景点没来得及游览，真是太可惜了。6月31日放暑假后，我一定再来永安旅游，再来看望姑妈！

祝身体健康！

小虎

2019年2月29日

题目2：你能仿写这样的一封信或者一段话，让其他同学从中找出错误并改正吗？

在设计数学作业时，通过引入语文中的成语、古诗、谜语、数学日记、四宫格画等，不仅可以在有趣的作业中巩固语文知识的同时巩固数学知识，并且可以提高学生的发现能力和语言表达能力，提高学生学习数学的兴趣和学习数学、应用数学的能力，进而提高学生学好数学的综合素质。

（二）与英语学科相融合，让学生在数学作业中感受英语的"说"能力

传统的数学习题，往往以教师的分析讲解为主，学生书面做题，然后订正整理，学生表达和交流的机会较少。说是小学英语教学四大关键点之一，那数学作业如何与英语的说相结合呢？通过班级实践，笔者发现说题作业就是一个不错的选择。

说题：学生可以说趣题、说难题、说新题等，而教师在孩子们讲解的解题思路过程中，要及时点评表扬，旁听的同学一起探索更新做法。通过这样的一个说题过程，让孩子们在不知不觉中喜欢上数学。

孩子们刚开始接触说题作业时，说的过程可能没有那么顺畅，或者说得不完整，这时教师就要引导学生掌握说题要点。通过实践，我们刚开始可以给孩子们说题的框架，熟悉说题的框架后再形成自己的风格。这里借鉴吴瑞芬老师的数学说题框架：

说题的三大要素分别是：①对题目信息的审阅理解；②对思考过程的有序表达；③对解题步骤的反思理解。在说题时，先自我介绍，然后说题号或展示题目，最后说思考过程，同学、教师点评。

如说解决问题时，可以这样表述。

1. 大家好，我是×××，今天给大家说一道题。

2. 这道题是数学书第×页的第×题。（注：先练习说教材上的练习题，再延伸练习册等）

3. 这道题目的信息是……要求的问题是……

4. 我的思考过程是：

（1）根据已知条件，可以求出……；再根据某某条件，又可以求出……

（2）要解决这个数学问题，需要找到……条件，这两个条件都知道了（勾画出来），用……方法解决；

（3）要解决这个数学问题，需要找到……条件，现在我们只知道其中的一个条件，还需要找到另一个条件，那么，根据……可以得到这两个条件都知道了（勾画出来），用……方法解决：

（注：可以根据条件来分析，也可以根据问题来分析：在讲思维过程的时候，引导和鼓励学生有勾画等辅助性行为）

5. 算式是……，第一步算出的是……，第二步算出的是……

6. 我觉得这道题最需要注意的地方是……

7. 我的说题结束，谢谢大家的倾听。

8. 教师和同学一起点评。

每个学生的基础不一样，为了培养学生"说题"的自信心和"说题"的兴趣，在布置课后说题任务时，笔者根据班级学情，分层设计题目，让学生在"作业超市"中自主选择一题，让不同层次的学生都能吃得好、吃得饱。在新课学习后，笔者根据新知内容，挑选一些典型题让学生说，尽量通过说一道题让学生掌握一类题。在单元结束时，笔者挑选平时同学们的易错题，让他们在说题反思中掌握。

当班级里的孩子掌握了说题方法后，我们可以在班级里开展说题比赛，同样也可以把这样的方法运用到学校范围。

做自己喜欢的事情是幸福的，作业亦是如此。通过数学说题作业，孩子们找回了学习的乐趣，提升了数学语言表达式能力和逻辑思维。

（三）与美术学科相融合，让学生在数学作业中感受美术的"画"能力

小学生天真烂漫，喜欢画画。在生活和学习中，他们总是喜欢拿着手中的笔去记录浪漫的事物。针对小学生的这一特点，在设计数学作业时，我们不妨将数学作业和美术巧妙整合，从而让学生充分感受数学作业是美的，也是能愉悦心情的。

例如，在教学"分数除法"单元复习课时，笔者把复习课设计成了一节竞

赛课。创设了分数门派和小数门派争夺数学盟主地位的情境，把全班学生分成2个门派（第一和第二大组为分数门派，第三和第四大组为小数门派）。设计的四个环节大比拼中第一回合是分享与交流战，课前让学生以小组为单位，绘制这个单元的思维导图，上课的时候再让学生上台展示，汇报他们的思维导图。其他小组同学如果对台上小组的思维导图有补充时，可以再进行补充。同学们选择自己喜欢的颜色和形式绘制属于他们小组的思维导图，虽然形式不一，内容可能不够齐全，但是这也是小组成员共同努力的成果，而且了解到，他们小组内的分工很明确，如谁负责画图、谁负责总结资料、谁负责写内容。下面是一部分小组的思维导图。

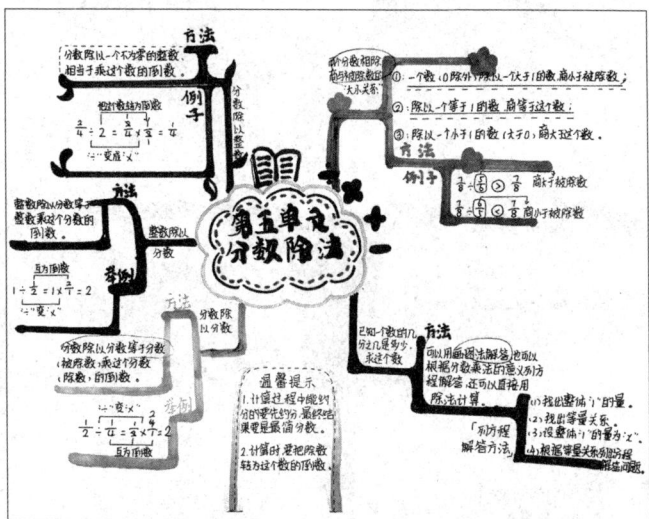

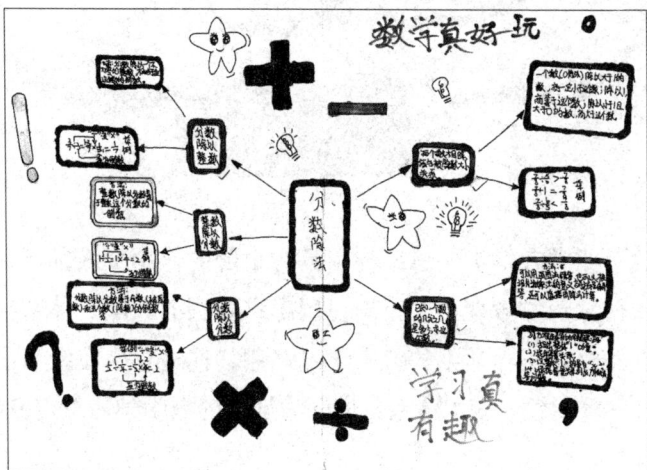

在小学数学课堂教学中，思维导图具有重要的作用。教师可以灵活使用思维导图来开展教学，并教授学生正确使用思维导图的方法，体会数学作业与美术学科的融合。以此培养学生的数学学习兴趣，促进学生思维水平的提高，使学生构建更为完善的数学知识体系，进而为学生的数学学习奠定良好的基础。

四、总结

总而言之，在"双减"政策背景下，教师需要重新认识和审视数学作业的教学价值，秉持"控量减负""创新增效"等目标，结合小学生学习能力、身心特点以及兴趣爱好等因素。不断优化作业设计，提升作业质量，减少作业数量。通过学科融合下小学数学作业设计形式，调动学生学习主动性，使其在轻松愉快的气氛中完成作业，让学生实现从"想学"到"会学"的华丽转变。

素养导向的多维作业优化设计

惠州市惠阳区秋长中心小学　叶宇

一、"双减"下的作业设计优化内涵

"双减"政策下的小学数学作业设计，其目标是促进学生数学核心素养的发展，这一目标在实现过程中困难重重，一方面是传统的作业形式已经深入人们的思想之中，很难进行作业形式、本质的创新。核心素养学习是"在教师引领下，学生围绕着具有挑战性的学习主题，全身心积极参与、体验成功、获得发展的有意义的学习过程"。在这个过程中学生可以掌握学科的核心知识、把握学科的本质及领悟思想方法，形成积极的内在学习动机，成为有思维、有创造的学习者。另一方面，核心素养的实现途径是要求学生深度学习，需要学生在学习方面实现思考的多面性。因此要想利用作业增加学生的综合素养，需要数学作业聚焦于深度学习。在"双减"政策背景下，增效学生深入学习的效果，在素养学习的基础上开展作业设计活动，可以设计基础素养作业（任务）、能力素养作业（任务）、综合创新素养作业（任务），体现选做和必做类型的分层作业设计。学习素养作业设计体系如下。

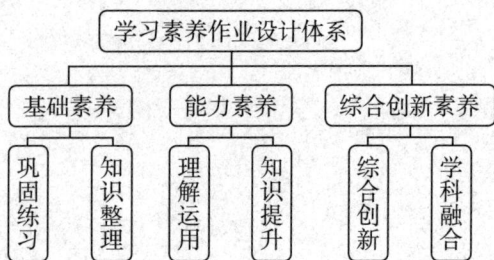

学习素养作业设计体系
基础素养 | 能力素养 | 综合创新素养
巩固练习 / 知识整理 | 理解运用 / 知识提升 | 综合创新 / 学科融合

二、"双减"下作业优化的策略

（一）创新作业呈现方式，为作业优化设计提供方向

"双减"政策要求对学生开展因材施教。在传统作业设计中，教师重点考查学生对新知识的理解和掌握，这样的设计缺乏对旧知识的巩固，无法帮助学生建立完善的数学逻辑框架。素养学习要求将新旧知识进行联结、将新知识与学生的直接经验进行关联，增加学生对新知识的理解和对旧知识的巩固。以"小数除法"为例，为了加强学生对已有经验的关注，要在问题中体现对旧知识的思考，教师可以设计这样的数学作业供学生深入思考："笑笑妈妈和其他三位阿姨下午点咖啡喝，用平台优惠券后最后一共花费了42元，她们决定采取AA制的方式结账，请问每一个人花了多少钱？"这道题学生都会用学过的整数除法知识进行运算，但是学生会发现42÷4商为10，还余下2元，面对这余下的2元，学生应该探究如何运算，学生这时会联想到之前学过的"元角分"数学知识，将2元换算成4个5角，那么每一位教师应该付10元加5角。又比如一年级下册学生在学完"数花生"关于100以内数的数法后，引导学生联系生活中物品制作主题创意画，渗透民族自豪感，感受数学的魅力。对于新的数学问题应用旧的知识进行解决，从而激发学生用更简单知识解决问题的积极性，在素养学习的要求下发挥作业的启发作用。

（二）尊重学生个性化发展，为素养学习下作业设计评价提供依据

"双减"政策要求教师尊重学生的个性化发展，不以学生的成绩作为评判学生进步与否的唯一标准。作业在小学阶段起到评价的重大作用，在素养学习基础上，作业设计的评价方向可以体现学习共同体多维度评价，凸显学生自评、家长评价、同伴评价、教师评价。学生在解决问题的过程中，发挥了主动性和创新性，作业形式不应该局限于书本上对问题的重复解答，而是适当地增加一些社会实践活动，让学生在生活中发现数学、解决问题。比如在设计"轴对称再认识"这一节课上，教师设计作业从家中寻找10个轴对称的图形、尝试用剪纸做出一个美丽的轴对称图形。这个作业首先可以让学生将数学知识与生活实际联系在一起，其次可以提高学生的动手能力，完成从理论到实践的转变，在评价中体现学习共同体的多维度评价，让学生在多样化评价中得到全方面发展。学习共同体多维度评价体系表如下。

核心素养要求下的作业设计应该以学生综合能力为评判标准，学生只有理论知识还远远不够，还应该有提出问题的能力。每一节课学生都应该根据学习内容，提出一到两个合适的问题共同讨论，这样的作业形式较为新颖，加大了师生之间交流的可能性，为教师上课提供了新的教学思路，也十分考验学生的学习理解能力。比如在设计"可能性"作业题目时，教师要求学生每人提出一个关于"可能性"的问题，以小组的形式共同解决。学生发挥自己的想象能力，提出了很多具有思考意义的问题，比如："小明走在马路上，遇到红绿灯，他遇到红灯的概率和遇到绿灯的概率是一样的吗？""一个放有4个红球和8个黄球的盒子里，任意摸出一个球，可能是（　　）球，也可能是（　　）球，摸出（　　）球的可能性较大？"学生通过互相提问的形式进行答题，可以增加学生的人际交往能力，提高学生的合作学习和思维转换的灵敏度，为学生日后全面发展打下坚实的基础。

（三）增加作业的趣味性，多学科融合为作业优化设计提供新思路

"双减"政策要求在作业方面减少书面化作业内容，减轻学生的课下学习压力，提高学生学习的兴趣。学生在学习中会对数学知识产生探索的积极性。根据小学生的年龄和心理特征，游戏形式的问题很受学生的欢迎，也在小学数学教学中运用得较多，它可以让比较抽象的数学概念变得生动具体，也符合"双减"政策背景下减负的要求，学生减少书面化作业，增加一些探究性活动，实现提高学生综合素养的教学目标。比如一年级上册"一共有多少"，在设计作业时，教师可以在班级中开展"数字接龙"游戏，三个人为一组，每人说出一个一位数，轮到第三个人时，需要说出前两位同学说出数字的总和，以此类推，每一位学生都需要检验答题人的答案是否正确，实现答题的注意力高度集中，最后评选出答题速度又快、正确率又高的学生为"答题之星"进行表扬，让学生实现自评和生生互评。也可让孩子与同伴或者独自设计思维导图或者创意画，体现多学科融合。比如一年级教学"认识钟表"，设计素养任务是让学生用所学的数学知识制作出手工黏土的钟表，学生的作品有效把数学知识与美术学科知识创新融合。将书面化作业转变为游戏、创意画等形式，提高了学生完成作业任务的积极性，有助于教师更好地观察和了解学生，促进师生关系的良好发展。

综上所述，在"双减"政策背景下，教师的首要目标是减轻学生课余时间的作业压力，以创新、有趣的作业方式引导学生快乐学习，在作业中培养学

生对知识的探索精神、质疑精神、主动学习精神，发挥作业启发思考、检验学习、巩固所学内容、促进拓展应用的作用，从而真正落实学生的创新能力培养，让作业体现其存在的必要性和意义，帮助学生积累丰富的学习经验，促进学生的数学素养与自身综合能力的全面发展。

参考文献：

［1］谌舒山，黄格格．"双减"背景下指向深度学习的小学数学逆向教学设计［J］．内蒙古师范大学学报（教育科学版），2022，35（6）：135-141．

［2］孙冰沂，唐晶，房得阳．"双减"背景下指向深度学习的小学数学作业设计［J］．当代教研论丛，2022，8（11）：21-25．

［3］王晓雪．"双减"背景下小学数学大单元深度学习的实践与探索：以小学高年级为例［J］．新智慧，2022（30）：4-6．

大单元视域下的小学数学思辨
作业设计策略实践研究

惠州市大亚湾经济开发区西区第一小学　黄　媛

一、引言

在不断发展的新时代，学生不仅需要掌握基础知识和技能，还需具备创新意识、创造能力以及实践应用能力。《义务教育数学课程标准（2022年版）》指出，思辨能力是数学学科核心素养之一，"通过义务教育阶段的数学学习，学生逐步会用数学的眼光观察现实世界，会用数学的思维思考现实世界，会用数学的语言表达现实世界"。通过数学学科的学习，培养学生批判性、探究性与创新性思维，并能够有效运用所学知识解决日常生活中的实际问题。而作业作为评价和检验教学质量的重要工具，需要在引导学生完成作业的同时，能够对知识点进行学习和复习，强化对知识点的深层加工。因此，在小学数学作业设计方面，需要注重挑战性、思辨性、个性化、启发性和多元化，从而更好地促进学生的数学思维能力和创新能力的发展。

二、大单元视域下的思辨作业设计的研究述评

（一）大单元视域下的思辨作业的内涵与特点

数学思辨能力是一种抽象化的思维能力，它使我们能够从更高的视角对数学问题进行有条理和有层次的分析。这种能力能够有效提升学生在数学学习方面的能力和兴趣。尽管在小学阶段学生的思维还不够成熟，但教师可以通过持续引导、启发和培养学生的数学思辨能力，使他们逐渐实现在数学思维方面由

量变到质变的进步。

众所周知，作业在课堂教学中占有重要的地位，它是学生对课堂学习内容深化的方式，也是经常性的思维实践活动。大单元作业是对一个单元内知识的系统梳理，使学生能进行综合性的练习，促进课堂知识的整合。它可以通过将作业集中在一张试卷、一道题目或一项活动中的方式来实现。通过实践大单元视域下的思辨式作业，学生能够整合零散的知识，展现出整体性和系统性的知识结构。这样的实践有助于培养学生思维品质的发展。

（二）大单元视域下的思辨作业与传统作业的异同点

大单元视域下的思辨作业设计能够将一个单元的知识进行整合，全面而系统地对知识点进行考查，既减轻了作业负担，又巩固和复习了系统性的知识，从而提高教学质量。教师在进行大单元视域下的思辨作业设计时，需要以完整的知识体系为引领，通过作业试题的设置，整合若干相关联单元中的个体知识点，建立知识点之间的关联链路，层层递进，引导学生把握知识点的脉络体系，达到掌握整体知识面的目标。这样的设计有助于培养学生的数学思维能力和逻辑思维能力，让学生可以用触类旁通的方法，把握数学知识点中的"点—线—面"的联系，发散思维，进行知识的迁移，为日后的数学深度学习打下基础。相比之下，传统的数学作业设计往往围绕课堂所学的知识点展开，注重对课堂知识的简单巩固。传统作业容易形成点对点的零散性设计思路，而大单元视域下的思辨作业设计突破了课堂知识的点，将以往所学的知识进行关联和串联，并进行综合复习，从而避免学生遗忘旧知识。因此，大单元视域下的思辨作业设计能够更全面地考查学生对知识系统性的掌握程度，通过整合、全面和系统的方式，提升了学生的认知能力，与传统作业相比具有更大的优势。

（三）小学数学作业设计现状研究

目前小学数学作业存在一些问题，如机械化重复练习较多，学生缺少思考的空间，不具有挑战性和思考深度；与实际生活的关联度较低，学生难以将所学知识与实际问题联系起来，少有让学生开展思辨训练的机会；缺乏个性化设计，很少考虑到学生的差异性，没有针对性地设计作业内容和形式；缺乏启发性，没有对学生的自主探究和思考进行正向引导，缺少对学生创新思维的培养；缺乏开放性，往往只局限于具体且唯一的答案，限制了学生探索和创新的空间。

结合数学教学实践，我们认为，大单元视域下的思辨作业设计可以帮助学生更好地理解和掌握学科知识，同时也能促进学生创造性思维、批判性思维、沟通能力和合作能力的发展。这种设计方法能够激发学生的学习兴趣和动力，提高他们的学习效果和学习质量。

三、大单元视域下思辨作业提升学生能力的路径分析

（一）转变学生思维方式

在大单元的教学视角下，思辨作业设计可以帮助学生形成系统的认知和思维方式，从而促进知识的综合和应用。通过整合大单元的教学目标，我们可以形成更具主题性和综合性的教学内容，并以此为基础进行融合型作业设计。这样的作业设计要求学生运用所学知识点来解决问题，从而更好地理解和掌握所学知识，而不仅仅局限于某一知识点的应用。例如，在小学数学大单元"几何图形"中，设计了一个开放性的实践作业：让学生制作一个"几何图形展示册"，要求他们在展示册中绘制和标注各种几何图形，并说明它们的性质、特点和应用场景。这样的融合型作业设计可以帮助学生整合并综合运用所学知识，让他们更深入地理解几何图形的概念和特征，同时也提高了他们的画图能力和语言表达能力。这种思辨作业设计，不再局限于具体集合图形的认知和计算，转变了固有的学习思维，可以让学生在实践中感受到数学知识的实际应用，强化学习动力和效果。

（二）培养学生的批判性思维和创造性思维

在大单元教学中，设计思辨作业可以有效培养学生的批判性思维和创造性思维，提高他们的思辨能力和解决问题的能力。通过提出具有挑战性的任务和问题，激发学生的思考和探究兴趣，帮助他们发展批判性思维和创造性思维。例如，在"圆的认识"章节，设计作业题目："为什么井盖都设计成圆形？可以设计成方形吗？为什么？"这样的题目，可以让学生运用比较圆和其他基本图形的特征知识来解决问题，同时也需要运用思辨性思维，思考井盖是方形合适还是圆形最佳，并分别思考分析原因。这样的题目联系生活实际，分析探究，从而培养他们的批判性思维和创造性思维。

（三）促进学生的学习兴趣和探究精神

在大单元视域下的思辨作业设计可以激发学生的学习兴趣和探究精神，从

而带动他们的学习热情和主动性。通过设立有趣、实用和具有挑战性的任务和问题，可以鼓励学生更积极地参与到教学过程中，并提高他们的学习效果。例如，在学习完统计学相关知识后，要求学生在家长的协助下，运用自己学到的知识来统计家里每个月的各项费用支出。学生可以记录各个方面的支出，比如食物、生活日用品、住房、交通等，并计算出每个方面的占比。完成统计后，可以鼓励学生进行分析，尝试找出哪个部分的支出最大，是否可以优化一下费用的分配，或者如何来降低某个方面的支出等。这个任务既考查了学生对统计学知识的掌握，又通过关注真实生活中的经济问题，让学生参与到家庭活动中，并掌握了一定的主动权，激发了学生的学习兴趣和探究精神。学生将会带着探索问题答案的动力，主动地参与到数据收集、统计和分析的过程中，有助于发展学生的探究精神。

（四）培养学生的实践能力和应用能力

小学数学的知识点体系与我们的生活紧密相关。在进行大单元视域下思辨作业设计时，教师一方面要考虑如何检验学生基本知识与技能的掌握情况，另一方面还要发展学生的探究能力和实践应用能力。因此，贴近生活情境的作业设计，让学生可以结合真实生活情境来发觉数学的奥妙，并带领学生发现数学问题、解决实际问题，并进行思考、体会和发现。举个例子，在学习北师大版五年级上册第六单元第一课时"组合图形的面积"知识后，在大单元视域下的思辨作业设计中，我们创设了游览本地风景名胜——罗浮山的情境，邀请学生一起参与数学闯关游戏活动。分成两关：第一关要求学生帮忙计算景区门口的不规则指示牌重新刷漆的面积；第二关计算儿童游乐区铺设地砖的面积。为了引起学生对题目的兴趣，可以从学生的生活环境出发，并利用本地风景区的介绍情境。这样会给学生带来新鲜感和视觉冲击，同时也有助于消除学生对数学作业的消极态度。通过设计闯关游戏，有助于提高学生的学习兴趣和作业质量。在游戏中，我们可以使用一些生活中的实例来判断组合图形可以由哪些图形组合而成。通过运用转化思想，将图形转化成已学过的图形来解决问题，我们还可以巩固学生对图形面积计算的理解。这种方法有效地培养了学生的实践能力和应用能力。同时，通过改变学生的思维方式，培养他们的思维能力，激发他们的学习兴趣，我们还可以进一步培养和发展学生的实践应用能力。通过采用这样的路径，配合相应的思辨作业设计，可以逐步深化学生的思辨能力，落实学生数学学科核心素养。

四、大单元视域下的思辨作业设计策略实践研究

下面以小学六年级上册"数据处理"一课为例，探究采用大单元视域下的思辨作业设计的解决思路在小学数学的教学实践应用效果。

（一）设计具有挑战性的任务和问题

在大单元视域下的思辨作业设计中，教师应该设计具有挑战性的任务和问题，以激发学生的思考和探究兴趣。这些任务和问题应既能考查学生的知识掌握程度，又能促进他们的批判性思维和创造性思维的发展。在"数据处理"一课中，教师描述了这样的一个背景："十四五"规划和2035年远景目标纲要提出，要广泛开展全民健身运动，以青少年为重点开展国民体质监测和干预，仰卧起坐对青少年的健康有很大的好处。基于这样的背景，为了增强作业任务的挑战性，我们提出让学生协助体育老师调查本班学生的1分钟仰卧起坐成绩，并对调查数据进行分组整理，制作统计图，并进行对比分析，根据分析结果对各个等级的同学提出合理的建议。在这样的作业要求下，学生不仅需要掌握基础的平均数的概念，还需要开展调查研究，并进行数据的分析和比较，任务设计具有一定的难度和挑战性，但又并非不可达成，可以激发学生的挑战欲，并引导学生运用综合能力来解决问题，完成任务。

（二）引导学生进行合作探究

在大单元视域下的思辨作业设计中，教师可以引导学生进行合作探究，让他们在小组中相互交流和协作，共同解决问题。在本作业例题中，依靠学生个人的力量是很难完成作业任务的，需要与体育老师、同学合作才能完成采集数据的任务，而同伴之间可以相互讨论和交流，共同解决问题，从而提高解决问题的能力，有效培养同伴间协作探究的能力。在实践中，我们发现，同学们自发地形成了各自的小组，自行收集了数据资料，并进行讨论分析。我们观察到，虽然在完成的过程中偶有争论，但整体上还是保持了较好的分工协作，通过合作的方式完成了作业任务。

（三）提供多样化的资源和材料

在大单元视域下的思辨作业设计中，教师可以提供多样化的辅助资源和材料，引导学生从不同的角度来探究和解决问题，起到点拨和启发的作用。这些

资源和材料可以包括书籍、网络资料、实物等。在"数据处理"课例中，教师在布置作业之前，通过短视频让学生了解"健身运动"的重要性，同时展示了多种形式的数据统计图。这些资料不仅让学生更进一步加深了认知，同时，可以让学生在收集数据后对统计图的制作有了多样的思路，也让学生在绘制统计图之后对生成的建议有了多元的思路。通过提供辅助性资料，我们可以明显看到学生提出的建议合情合理，且更具有针对性。

（四）注重学生的反思与总结

在大单元视域下的思辨作业设计中，教师应注重学生的反思与总结，鼓励他们对所学知识进行归纳总结和思考。通过反思与总结，学生能更好地理解和掌握所学知识，并在实践中运用这些知识。在本课例作业完成后，教师应要求学生对完成的思辨作业进行反思与总结，例如询问他们在这个思辨作业的完成过程中遇到了什么问题、如何解决这些问题以及从作业中学到了什么。通过这样的问题帮助学生反思，他们能够回顾自己在作业完成过程中进行了哪些活动、遇到了哪些问题，并描述了他们是怎样解决这些问题的。这样有助于加深学生对所学知识的理解和掌握。

比如，学生A和学生B参与了体育老师对学生仰卧起坐成绩数据的采集工作，对数据的统计有了基础的认识。他们在反思中提到："在记录成绩的过程中，我们需要同时关注完成时间的限制和准确数清楚每个同学做了多少个仰卧起坐，并进行登记记录。因此，我们分工合作，每个人承担不同的任务。"而学生C和学生D参与了数据统计的工作，并尝试了多种形式的统计图。他们在反思中分享道："在收集数据后，体育老师建议我们可以用图表来展示数据。于是我们尝试了几种图形，并发现如果要呈现全部同学的数据，使用条形图时图表太长了。后来，我们想到可以将同学们的成绩分为优秀、良好、不及格三个不同数据段来表达，这样更加简洁。我们还进一步将数据分为男生和女生两组，以便更清晰地进行比较。"

通过本次作业的反馈，我们发现学生在本次作业中表现出的积极性很高，知识目标"数据处理"基本达到，学生的综合能力也得到了一定提高。

五、结语

大单元视域下的思辨作业设计是一种注重学生思考和探究的教学设计方

法。它强调主题性、综合性、思辨性和实践性，可以帮助学生形成系统的认识和思维方式，培养他们的批判性思维和创造性思维，激发他们的学习兴趣和探究精神，提高他们的实践能力和应用能力，为学生未来的发展打下坚实的基础。然而，要想实现大单元视域下的思辨作业设计的有效实施，需要教师在教学中充分发挥自己的专业素养和教育智慧，根据学生的不同特点和需求进行差异化设计与指导。同时，家长和社会也应该给予足够的支持和理解，共同促进学生的全面发展和成长。在未来的教育改革和发展中，大单元视域下的思辨作业设计将会得到更加广泛的应用和推广，成为培养具有批判性思维和创造性思维的优秀人才的重要途径之一。我们相信，在教师、家长和社会的共同努力下，大单元视域下的思辨作业设计将会取得更加显著的成效，为学生未来发展和社会进步做出更大的贡献。

参考文献：

［1］中华人民共和国教育部.义务教育课程方案（2022年版）［M］.北京：北京师范大学出版社，2022.

［2］周于雯.关于小学数学教学中思辨能力培养的策略探索［J］.名师在线，2023（5）：14-16.

［3］卢晓华.小学数学作业设计应追求"思辨"［J］.天津教育，2021，642（9）：167-168.

［4］韦翠明."双减"背景下小学数学大单元作业设计的策略与实践［J］.试题与研究，2023（2）：34-36.

［5］朱健英."双减"背景下小学数学大单元作业设计的策略探讨［J］.教学管理与教育研究，2023，8（11）：62-64.

国内数学分层作业研究综述

山西师范大学教师教育学院　白雅静

惠州学院数学与统计学院　沈　威

数学作业是什么？数学作业是学生自主建构并完善数学知识框架的重要手段，是数学教学双边活动中的一部分，同时也是对教师教学效果进行检验的一种有效方式。分层作业是什么？分层作业是在满足不同学生的文化、认知、能力等差异的前提下，保证每个学生获得最大限度发展的一种作业形式。分层作业在减轻学生负担、满足个性需求的同时能精准有效地提高学习效果、提升学生学习积极性。本文对国内数学分层作业的研究做一个回顾，以启发后续的研究。

一、分层作业的研究

在我国，分层教学的思想最早可追溯到孔子提出的"因材施教"，随着国外分层教学理念的传入得到进一步发展。尚宇林、陈永旺和尤伟清依据一定的理论对作业分层开展相关研究。尚宇林将巴特莱法则与实际教学结合起来，提出教师应将80%的精力放在解决重难点的问题上、学生应如期完成作业总量的80%；陈永旺指出"最近发展区"理论的指导下分层作业的设计策略，同时强调二者之间的联系；尤伟清以艾宾浩斯遗忘曲线为原则，提出对重点内容进行拓展延伸，指导学生扎实基础的同时提升学习兴趣。

刘泉根据学生综合成绩的高低、完成作业时的心理状态将作业分为三组，通过对不同学科进行研究发现，不同教师设计分层作业的方式和实施的方法会对学生成绩产生影响；张丽霞根据数学知识的结构，布置三种层次不同的作业并对完成每一层次所要达到的标准做出明确的要求；王兴懋指出通过布置具有不同难度梯度的作业等方法来实现不同学生需求的点对点教育。

另外，还有一些学者对作业分层提出一些策略。如段艳蕊针对作业分层可能出现的问题，提出将考试与作业结合起来、教师与家长加强沟通等；马小虎提出将同一问题用不同的表现方式呈现给学生，例如将文字题干转化为抽象符号的形式。

纵观以上学者的研究发现，对数学作业进行科学的分层不仅可以有效地提高学生的自我效能感，也可以增强学生学习兴趣进而激发数学学习的内部动机。值得注意的是，在减轻学生负担的前提下，使分层作业发挥最大的作用，不仅需要教师对每个学生的基本学习情况有所了解并进行具有针对性的分层，还需家长与教师加强沟通形成合力，这是帮助学生实现进一步发展的关键。

二、分层作业设计的研究

合理划分学生层次是作业分层设计的重要一环，是通过分层作业进行分层教学的前提。先对学生进行分层在分层教学中并不是可有可无的，其合理性往往会影响分层作业实施的有效性。

纵观文献，以学生分层为基础设计分层作业的研究中，斜方健提出两种学生分层的方法；杨晶指出分层方法的同时也强调分层的动态性；裴小芳提到根据学生的数学成绩进行分层将学生分成A、B两层；卢贤文指出根据学生个体差异性将学生划分为三层。周丽娜提出对小学高年级学生进行分层的原则以及分层的标准，但是并没有对学生进行具体分层。学生分层的具体方式如下表所示。

作者	分层依据	分层结果
斜方健	学习成绩	A班为学有余力的优秀生，完成创新题； B班为中等及以上的学生，完成发展题； C班为基础相对较差的学生，完成基础题
	思维方式、学习态度	A组是思维能力强学习踏实的学生； B组敏捷而不踏实或者是不敏捷而踏实的学生； C组不敏捷又不踏实的学生
杨晶	学习基础、智力因素或者非智力因素、学习能力	A层为后进生； B层为中等生； C层为优秀生

作者	分层依据	分层结果
裴小芳	数学成绩、数学基础、学习态度	A层的学生数学成绩、数学基础、学习态度较好；B层的学生数学成绩、基础知识较差，但是作业态度端正
卢贤文	学习能力、理解能力、应用能力	基础型、提高型、发展型

在我国，多数中学采用以成绩为基础的分层教学的手段来提高升学率。通过梳理以上学者的研究，不难发现学生的数学成绩是学生分层的主要依据。教师应注意，对学生进行分层需综合考量，包括自主学习的能力和元认知能力，以促进学生全面发展为导向，发挥分层作业优势。

三、分层作业的其他相关研究

分层作业的相关研究还包括作业设计应遵循的原则、操作的策略、误区等。现有关分层作业设计的研究中，对其所应遵循的原则表述不一。许云、占小芳、周丽娜分别在其文章中进行了相关论述，分层作业设计原则的研究如下表所示。

作者	原则	标准	策略
许 云	隐性原则、科学性原则	学生的学习态度、学生的数学水平、学生的考试成绩	明确设计的目标、作业数量分层、设计生活实践类作业和开放性的作业
占小芳	合理性原则、有效性原则	学习态度、学习能力、学习成绩	分组教学、作业分层、作业评价
周丽娜	层次性原则、多元性原则、主体性原则、趣味性原则	—	转变教师在作业布置中的观念、掌握科学的分层方法

操作的策略主要是从两方面进行展开的：其一，学生的角度，学生需清晰地认识到自己的学业水平所处的层次，灵活接受教师所分配的作业；其二，教师的角度，首先教师应关注学生的心理健康，包括学习的自尊心和自信心，确保学生在没有心理负担的情况下有效地实施分层作业；其次，教师在全面掌握每个学生学习情况的前提下实行动态分层；最后，教师就作业批改情况在讲评时应有的放矢，抓住重点，最大限度地促进学生的发展。

数学分层作业设计的质量会直接关系到作业实施的效果。现作业设计存在以下误区：教师观念受传统观念较大的影响，没有与时俱进，实施起来束手束脚；教师对作业分层和学生分层把握不准确，不能清晰地将学生和作业进行有效的对应；学生对于分层作业有心理负担，容易产生自卑心理，不能正确看待其价值；学生对作业的完成兴致不高，具有倦怠情绪。

四、启示

随着"双减"政策的提出，如何在减负的同时保证学生具有良好的学习效果成了亟待解决的问题。基于对以上文献的梳理，结合我国教育改革和数学分层作业的相关研究，得到以下几点启示。

（一）发挥分层作业功能，家校合力确保实施

很多研究者针对数学作业进行了现状调查，得出数学作业呈现出形式单一、内容重复、题量较大等特点，这使得"作业"这一工具并没有很好地发挥它应有的作用。为充分使用这一"工具"，于教师而言，其要有积极主动的专业信念、要能够广泛联系相关专业知识、要主动与教师团队进行合作交流；于家长而言，也要积极与教师沟通合作，合力促进分层作业的有效落实；于学生而言，要发挥自身的主观能动性。由于作业的使用对象是学生，而每个学生都是一个独立的个体，他们对数字、字母的敏感程度是不尽相同的，因此教师应该满足学生的差异性而布置不同梯度的作业，鼓励学生创造性地完成作业，有效地提高学生的学习能力和创造力。

（二）动态实施分层作业，激发学生学习兴趣

分层作业的实施是本着教育公平的原则，在满足不同学生发展水平需要的同时也要考虑创造"最近发展区"，激发学生学习兴趣、唤起学生学习的内驱力。

分层作业的实施是一个动态、循环的过程，且各个环节具有内在自洽性。教师首先根据学生的综合成绩以及借助科学的信息手段对学生进行分层；将收集到的数学题目按照难度的大小进行层次划分，最终由编制作业小组教师合议并敲定不同层次学生的具体作业内容；教师布置作业后应及时对学生讲解、说明各个层次作业的具体要求以及关怀学生的情绪；通过分析作业的完成情况，归纳总结各层次作业的难点并进行综合、客观的评价，形成评价报告；最后，教师针对存在的问题进行讨论和研究，提出相应的修改措施，根据学生的情况进行下一轮的学生分层。此实施过程可根据实际需要每月进行一次或每周执行

一次，具体的实施流程如下图所示。

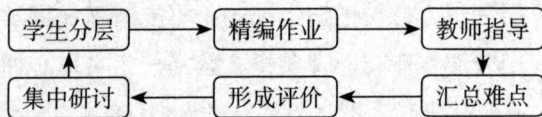

学生分层 → 精编作业 → 教师指导

集中研讨 ← 形成评价 ← 汇总难点

（三）明晰作业发展方向，深入研究分层作业

基于研究结果与讨论，未来的分层作业研究有以下研究方向：

（1）从数学教育心理学的层面对学生进行心理疏导，确保分层作业的有效实施。学生完成作业的过程是一个知识建构的过程，学生的知识背景、思维水平的差异会出现对同一问题解出多种不同答案的现象。教师要倾听学生的分歧和对问题的理解，要鼓励学生对自己解题思路的反思，也应更多地关注学生心理健康发展的需要。

（2）分层作业如何与信息化有效地结合？身处信息化时代，作业体系与信息化、智能化相结合是教育者无法回避的。依靠大数据对作业进行科学的分层，可以更好地满足学生差异化的需求，但同时也要注意网络环境对学生造成的一些不良影响。

（3）如何通过分层作业培养学生的多种能力？数学作业的功能和价值不单单是巩固知识和技能，而应该更多关注学生的全面发展。学生在完成数学学习任务之外的其他时间可自行安排，例如参加自己感兴趣的社会活动等。在满足不同学业水平学生的真正需求的同时进行快乐教育，这才能充分体现因材施教、真正地将分层效益最大化。

五、结语

综上可知，数学分层作业的设计和实施是对学生个性和差异的尊重，可通过以学生分层为基础，依据一定的准则等方式来实现。教师在实践中操作时，需要根据数学学科独有的特点和学生的差异，灵活使用。总之，实施分层作业可在一定程度上起到激发学生作业兴趣的效果，满足学生的个性化发展，实现真正意义上的因材施教。

参考文献：

［1］尚宇林.运用"巴特莱法则"优化数学课堂教学［J］.中学数学，1999

（12）：8-9.

[2] 陈永旺.基于最近发展区的初中数学分层作业设计策略研究[J].名师在线，2022（23）：88-90.

[3] 尤伟清.从"艾宾浩斯遗忘曲线"到"滚动性作业"——小学六年级数学"滚动性作业"的实践研究[J].小学教学研究，2020（6）：48-51.

[4] 刘泉.农村小学分层作业的实践研究[D].苏州：苏州大学，2010.

[5] 张丽霞.分层布置作业以提高学生数学核心素养方法[J].天津教育，2022（21）：39-41.

[6] 王兴懋.初中数学分层作业布置的实践途径研究[J].数学学习与研究，2022（21）：152-154.

[7] 段艳蕊.小学二年级数学分层作业研究[D].南京：南京师范大学，2011.

[8] 马小虎.基于"双减"政策下小学数学分层作业设计的探究[C]//.2022教育教学与管理南宁论坛论文集（二）.

[9] 钭方健.有效分层作业管理的实践研究[D].上海：华东师范大学，2010.

[10] 杨晶.初中数学分层作业的几点尝试[J].延边教育学院学报，2012，26（4）：65-66+69.

[11] 裴小芳.高中数学分层作业设计的实践研究[D].武汉：华中师范大学，2017.

[12] 卢贤文."双减"背景下小学数学分层作业设计策略[J].天津教育，2022（24）：49-51.

[13] 周丽娜.小学高年级数学分层作业实施策略研究[J].吉林省教育学院学报（中旬），2013，29（1）：99-100.

[14] 盛娇.高中数学分层作业现状调查及实施策略[D].重庆：西南大学，2021.

[15] 许云.浅谈小学数学分层作业设计[J].文理导航（中旬），2022（4）：52-54.

[16] 占小芳.实施小学数学高年级分层作业的策略[J].试题与研究，2022（3）：147-148.

（此论文曾发表在《教师之友》2022年第20期）

"双减"背景下小学数学作业的"减"与"加"

惠州市惠东县平山第一小学　钟育花

随着教育理念的不断更新和社会变革的推动，小学数学教育的模式和内容也在发生着深刻的变化。在"双减"政策的影响下，如何更好地设计和安排小学数学作业，成了教育界和家长关注的焦点。作业在学生学习中具有重要作用，然而，当前小学数学作业存在着一系列问题，需要在"减"与"加"的双重策略下加以解决。本文将分析当前问题，并提出具体的应对策略，为优化小学数学作业质量提供有益的参考。

一、当前小学数学作业存在的问题

（一）作业量过多

当前小学数学作业普遍存在作业量过多的问题。学生每天面临大量的作业任务，包括课堂作业、练习册作业以及额外的辅导作业，导致学生的学习负担过重，影响了他们的课外活动和休息时间。

（二）作业同质化严重

小学数学作业的同质化问题较为突出。许多学校和教师倾向于采用相似的题型和内容，导致学生面对类似的题目反复练习，缺乏多样性和创新性。这种同质化作业难以激发学生的兴趣和学习动力，影响了他们的学习体验。

（三）作业缺乏针对性

许多小学数学作业缺乏针对性，无法满足不同学生的学习需求和水平。一些学生可能已经掌握了某些知识，但仍被要求完成相同的作业，导致时间浪费；而另一些学生可能需要更多地辅导和练习，却无法得到个性化指导。

二、"双减"背景下小学数学作业"减"的策略

（一）压减重复性机械作业

为了应对重复性机械作业问题，教师可以积极优化作业内容，避免简单地让学生反复做相同类型的题目。相反，可以在作业中精选少量高质量的代表性题目，这些题目能够涵盖重要的数学概念和技能。通过这种方式，学生不再被机械性地追求数量，而是鼓励他们深入思考、探索不同解题方法，从而培养出色的数学思维和问题解决能力。这种方法有助于激发学生的学习兴趣，让他们在有限的作业时间内获得更大的学习价值。

（二）控制作业总量及频次

在处理作业总量和频次时，教师应当以学生的身心健康为重。适当减少作业量，让学生有足够的时间来进行深入的学习和探究，不仅可以减轻他们的学习压力，也能够提升作业的质量。此外，间隔时间的控制也至关重要。通过增加作业间的间隔时间，学生能够更好地吸收和理解前一次作业的内容，从而更有可能取得良好的学习效果。这种策略有助于改变作业给学生带来的繁重感，让他们能够更好地平衡学习和生活。

（三）减少不必要的书写计算作业

对于那些烦琐的书写计算作业，教师可以减少其数量，将更多注意力集中在数学概念的理解和应用上。引入思维性、探究性的作业可以极大地激发学生的求知欲和好奇心。例如，鼓励学生通过实际例子来应用数学，或者提出开放性问题，让他们动脑筋思考解决方法。这种作业方式不仅能够帮助学生更深入地理解数学原理，还能够培养他们的创造力和解决实际问题的能力，从而为未来的学习和生活做好充分准备。

三、"双减"背景下小学数学作业"加"的策略

（一）增加适度的探究式作业

在"双减"背景下，为了更好地激发学生的学习兴趣和提高学习效果，可以适度增加探究式作业。这类作业鼓励学生主动探索数学问题，提出猜想、设计实验，从而培养他们的独立思考和解决问题的能力。这不仅使学生更深入地理解数学概念，还培养了他们的创新意识，使数学学习更富有趣味性。

（二）加强过程性评价与反馈

引入过程性评价可以关注学生在解题过程中的思维方法和策略，而不仅仅看重最终答案。教师可以通过记录学生的解题思路、分析错误的原因等方式，为学生提供有针对性的指导和建议。加强反馈机制，及时告知学生在哪些方面做得好、哪些方面需要改进，有助于他们更好地调整学习策略，提升自身的学习效率和水平。

（三）增加合作交流式作业

引入合作交流式作业有助于培养学生的团队合作和交流能力，同时也丰富了作业的形式。教师可以设计一些需要小组合作完成的任务，鼓励学生互相合作、讨论解题思路，共同攻克难题。通过这样的方式，不仅可以提高学生的问题解决能力，还能够促进彼此之间的知识分享和合作学习，使他们的综合素质得到更全面的发展。

四、结语

通过"双减"与"加"的策略，我们可以为小学数学作业的设计和实施赋予更多的教育价值，使作业成为学生知识和能力提升的有效途径。在未来的教育实践中，我们有理由相信，通过持续的探索和创新，可以实现小学数学作业的更好发展，为培养更全面、更有创造力的新一代人才做出积极贡献。

参考文献：

[1] 李晓阳，王婷婷. 探究式作业在小学数学教学中的应用与效果研究 [J]. 基础教育探索，2021，5（3）：18-24.

[2] 张欣怡，刘伟华. 合作学习在小学数学作业中的实践与反思 [J]. 教育实践与研究，2023，10（1）：36-42.

下 篇

趣学巧练，多维实践

数与代数

乘加、乘减混合运算及其应用

惠州市光正实验学校　曾嘉敏　倪晓君

教材来源： 小学数学北师大版教材。

知识内容： 三年级数学上册"小熊购物"。

布置时机： 学习北师大版三年级数学上册教材第4页之后。

作业目标：

1. 会运用"先算乘法，再算加减"的运算顺序用脱式正确地进行计算，发展学生的运算能力。

2. 会列综合算式解决实际问题，发展分析问题和解决问题的能力。

作业设计：

◆ 基础性作业

1. 画一画先算什么，再脱式计算。

$4 \times 6 + 25$　　　　　$2 + 8 \times 4$　　　　　$9 \times 8 - 22$　　　　　$33 - 7 \times 3$

2. 买文具。

| 涂改液 每支5元 | 文具盒 每个23元 | 笔记本 每本4元 | 订书机 每个9元 |

（1）买3支涂改液和1个文具盒，一共要花多少元?

（2）淘气有50元，买8本笔记本，应找回多少元？

设计意图：理解乘加、乘减混合运算"先算乘法，再算加减"的原因，掌握其算法；会运用乘加、乘减混合运算解决实际问题。

◆ 拓展性作业

1. 下图中一共有几个小方块？你是如何思考的？请用视频或音频记录下来。

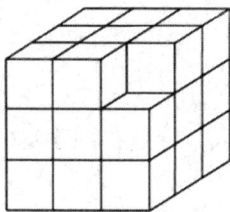

2. 如果有13个小正方体，你会摆成一个什么样的图形？请用照片记录下来。

设计意图：联系生活实际，解决生活中的购物问题，发展学生的逆向思维和提出问题、解决问题的能力。

带有小括号的两步混合运算及其应用

惠州市光正实验学校 曾嘉敏 倪晓君

教材来源：小学数学北师大版教材。

知识内容：三年级数学上册"过河"。

布置时机：学习北师大版三年级数学上册教材第10页之后。

作业目标：

1. 理解和掌握带小括号的混合运算，体会小括号的作用。

2. 能应用小括号解决实际问题，温习二年级下册的"至少"问题。

作业设计：

◆ 基础性作业

1. 脱式计算。

（50–49）×8   24÷（13–7）

（48–8）÷8   7×（34–28）

2. 男生有25人，女生有26人，让这些同学每6人坐一辆车，至少需要准备多少辆车？

设计意图：巩固带有小括号的混合运算的计算，结合生活实际，加入情境图，培养学生分析问题和解决问题的能力，体会数学和实际生活的密切联系。

◆ 拓展性作业

同学们，你会玩24点的游戏吗？让我们一起挑战一下。

$$8×（10–1–6）=24$$

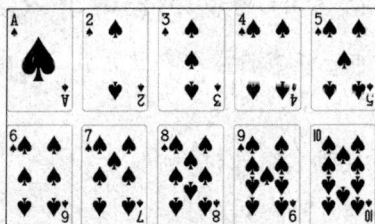

请任意选取4张扑克牌，算一算，并把计算的过程记录下来。

设计意图：采用扑克牌计算24点，既可以让学生感悟数学与实际生活之间的联系，也可以拓展学生的数学思维，提高数学应用能力。

两位数乘两位数（不进位）的计算方法及算理

惠州市光正实验学校　林晓纯　倪晓君

教材来源：小学数学北师大版教材。

知识内容：三年级数学下册"队列表演（一）"。

布置时机：学习北师大版三年级数学下册教材第33页之后。

作业目标：

1. 学会用图形符号、表格法表示具体的数量关系，做到数形相结合，发现其运算规律。

2. 把点子图划分成若干个较小的点子图，借助直观模型使未知转为已知，体现了模型意识的核心素养。

3. 体会两位数乘两位数（不进位）的计算方法的多样性。

作业设计：

◆ 基础性作业

1. 小明妈妈买了12箱苹果，每箱装12个苹果，一共有多少个苹果？圈一圈，算一算。

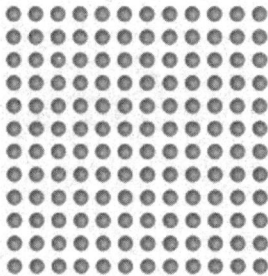

2. 填一填，算一算。

33×22=

×	30	3
20		
2		

（ ）+（ ）+（ ）+（ ）=（ ）

3.应用题。

学校组织学生一起去看电影。林老师和刘老师带20名学生去看电影，买票一共要多少元？300元够买票吗？

票价
成人票：22元
儿童票：12元

设计意图：通过点子图、列表法，体验算法的多样性，体现了运算意识的多样性，体现了运算意识的核心素养，让学生感悟数学与实际生活之间的联系。

◆ **拓展性作业**

1.填一填，算一算。

$53 \times 18 =$

×		

（ ）+（ ）+（ ）+（ ）=（ ）

2.应用题。

小美在做一道两位数乘两位数计算题时，把第二个乘数22看成了27，结果比正确的积多了80。正确的结果是多少？

设计意图：感悟数学与实际生活之间的联系，拓展数学思维，提高数学应用能力。

认识吨并进行简单的单位换算

惠州市光正实验学校　倪晓君

教材来源：小学数学北师大版教材。

知识内容：三年级数学下册"1吨有多重"。

布置时机：学习北师大版三年级数学上册教材第48页之后。

作业目标：

1. 认识质量单位"吨"，了解1吨有多重，知道1吨=1000千克，并能进行简单的单位换算。

2. 能运用千克、克、吨的有关知识估计一些物体的质量，提高估计能力，感受质量与日常生活的联系。

3. 列举现实生活中用质量单位"吨"表示的例子，丰富对"吨"的直观感受，体现了应用意识的核心素养。

作业设计：

情境题：某天早上，淘气和笑笑在上学的路上巧遇，他们互相交流了早上发生的事情，恰巧你路过，听到了他们的对话。请写出你的观点。

早晨起床后，我拿着10克的牙刷开始刷牙，然后洗脸。

我认为：淘气说（对　错）了，牙刷约_____。

妈妈为我准备了一盒250千克的牛奶和一个150吨重的面包。

我认为：笑笑说（对　错）了，一盒牛奶约250__，一个面包约150__。

我快速地吃完早饭，背上2克的书包上学去。

我认为：淘气说（对　错）了，一个书包约2____。

在路上，碰上了我们班的"大块头"，他的体重有50多吨呢!

我认为：笑笑说（对　错）了，我的体重约50__。

设计意图：模拟真实情境，掌握千克、克、吨等相互之间简单的单位换算，提高量感意识。

大数的读法及写法

惠州市光正实验学校　吴慧燕　倪晓君

教材来源：小学数学北师大版教材。

知识内容：四年级数学上册"人口普查"。

布置时机：学习北师大版四年级数学上册教材第6页之后。

作业目标：

1.学习大数的读法、写法，培养数感。

2.掌握大数的读法和写法，能正确地读、写大数，培养归纳和概括能力，渗透类比思想。

3.感受大数与现实生活的密切联系，激发学习兴趣，感受数学的价值。

作业设计：

以下是四年级某位同学做的作业，请你帮他批改，并把错误的题目订正过来。

◆ 基础性作业

1.下面是中国和美国人口的数据（2023年末），读一读。

中国：1409670000　　　　　　　　美国：二亿三千四百四十九万

读作：十四亿零九百六十七万　　　写作：334490000

2.先读一读，再连一连。

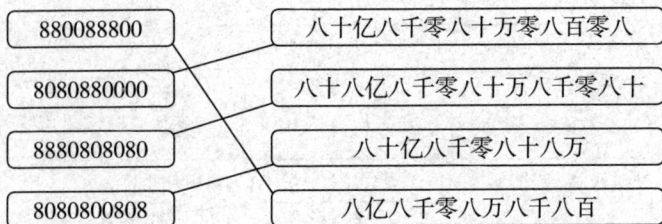

数字	读法
880088800	八十亿八千零八十万零八百零八
8080880000	八十八亿八千零八十万八千零八十
8880808080	八十亿八千零八十八万
8080800808	八亿八千零八万八千八百

3. 写出下面横线上的数。

（1）2020年世界人口总数约是<u>七十五亿八千五百二十万四千一百七十九</u>人。

写作：<u>7585204179</u>

（2）2020年中国人口总数约是<u>十四亿四千三百四十九万七千三百七十八</u>人。

写作：<u>1443497378</u>

设计意图：借助数位顺序表，结合万以内数读法读出亿以内的数，体现了数感的核心素养。根据万以内数的读写法推导出亿以内数的读写法，体现了类比思想。

◆ 拓展性作业

1. 把下面各数前面的序号填入相应的框里。

①36008000 ②6008005 ③320801000

④7300000 ⑤10208096 ⑥70304500 ⑦32080900

一个零也不读　　　　只读一个零　　　　读两个零

2. 帮助小动物们正确写数。

（1）

三千万、三十万、三万和三千

写作：<u>30003033000</u>

（2）

20000000+5000000+600000+7

写作：<u>2567</u>

3. 这位同学给你出一道题，你也来试一试吧！

淘气和爸爸妈妈去商场购物，将行李放在超市寄存箱里，同时得到一张小票，小票上面有一个由8个数字组成的密码，取行李时要说出这个密码，但小光在逛街的时候不小心把小票弄丢了，只记得密码是由4个8和4个0组成的。把这个密码看成一个八位数，万位是8，读数时要读3个零。你知道这个密码是多少吗？

设计意图：借助数位顺序表解决大数的写作；联系生活实际，解决生活中的大数的趣味题。

整数的四则混合运算

惠州市光正实验学校　倪晓君

教材来源：小学数学北师大版教材。

知识内容：四年级数学上册"卫星运行时间""买文具"。

布置时机：学习北师大版四年级数学上册教材第47页之后。

作业目标：

1. 体会三位数乘两位数的计算方法的多样性，理解竖式计算的算理，体现了运算能力的核心素养。

2. 掌握四则混合运算（包括带有中、小括号的）的运算顺序，并能正确计算。

3. 在计算过程中，逐步培养认真审题和仔细计算的良好习惯。

作业设计：

奇思某天晚餐的菜品非常丰富，可是奇思妈妈想让奇思通过自己的努力，获得相应的晚餐。小朋友，快来帮帮奇思。

晚餐：

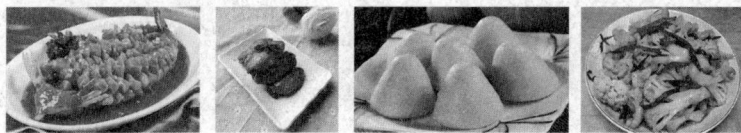

条件：做对2道题，获得1道菜。

收获：奇思获得①松花鱼②奥尔良鸡翅③窝窝头④炒花菜（请打"√"）。

1. 用竖式计算。

162×21＝　　　　　　　　　206×52＝

713×15＝　　　　　　　　　215×14＝

2. 脱式计算。

（96－6）×（15＋9）　　　　　12×（153－83）÷8

720÷［（12＋24）÷9］　　　　288－［（172－72）÷25］

设计意图：计算是数学学习的基础，计算内容的学习缺乏趣味性。借助生活情境，降低学生学习计算的枯燥感，提升学习兴趣。

乘法结合律

惠州市光正实验学校　刘　敏　倪晓君

教材来源：小学数学北师大版教材。

知识内容：四年级数学上册"乘法结合律"。

布置时机：学习北师大版四年级数学上册教材第54页之后。

作业目标：

1. 理解并掌握乘法结合律的计算方法，会用乘法结合律进行简便运算，发展学生的运算能力。

2. 当算式中有一些"特殊数"，如25和4，125和8等时，善于运用乘法结合律进行简便运算。

3.乘法交换律和结合律的综合应用，目的是使整个计算过程更加简便。

作业设计：

◆ 基础性作业

1.运用乘法交换律和乘法结合律填一填。

$46 \times 20 \times 5 = 46 \times （20 \times \underline{\quad\quad}）$

$（47 \times 25）\times 4 = 47 \times （\underline{\quad\quad} \times 4）$

$（125 \times 3）\times 8 = （\underline{\quad\quad} \times \underline{\quad\quad}）\times 3$

$（9 \times 4）\times 5 \times 7 = （\underline{\quad\quad} \times \underline{\quad\quad}）\times （\underline{\quad\quad} \times \underline{\quad\quad}）$

2.观察下面式子的特点并计算。

$65 \times 25 \times 4 \qquad\qquad 125 \times 3 \times 8 \qquad\qquad （19 \times 5）\times 6$

3. 一只蜻蜓能在1小时内吃掉40只苍蝇，照这样计算，5只蜻蜓8小时可以吃掉多少只苍蝇？

设计意图：在探究运算顺序的过程中，学会先观察算式中的运算符号和数的特点，善于用简便方法计算；四个数或多数连乘，都可以用运算律，培养学生的数感及运算能力，灵活运用运算律进行简便运算。

◆ 拓展性作业

1.按（ ）的方法计算$18 \times 25 \times 40$简便。

A.（18×25）$\times 40$ B.$18 \times$（25×40）   C.$25 \times$（18×40）

2.下面的计算过程中，（ ）既用了乘法结合律，又用了乘法交换律。

A.（27×15）$\times 20 = 27 \times$（15×20）

B.$125 \times$（17×8）$= 17 \times$（125×8）

C.$47 +$（$182 + 53$）$= 182 +$（$47 + 53$）

3.试着用乘法交换律和乘法结合律计算下面各题。

$28 \times 25 \qquad\qquad 125 \times 25 \times 32 \qquad\qquad 125 \times 56$

4. 学校图书室有9个同样的书柜，每个书柜有4层，平均每层放250本书。学校图书室一共摆放了多少本书？

设计意图：这样的作业设计，具有一定的开放性，是对乘法结合律的延伸，既可以让学生感悟数学与实际生活之间的联系，为日常生活的数字计算提供简便的方法，也可以拓展学生的数学思维，提高数学应用能力。

乘法分配律

惠州市光正实验学校　刘　敏　倪晓君

教材来源：小学数学北师大版教材。

知识内容：四年级数学上册"乘法分配律"。

布置时机：学习北师大版四年级数学上册教材第56页之后。

作业目标：

1. 理解并掌握乘法结合律的计算方法，会用乘法分配律进行一些简便计算，发展学生的运算能力。

2. 体会计算方法的多样化，培养学生数的运算能力和数感。

3. 利用乘法分配律简便运算时，不论是正向还是逆向，都要对算式的形式进行转化，体现转化思想。

作业设计：

◆ 基础性作业

1. 计算下面各题。

$（80+4）\times 25$　　　　　$34 \times 72+34 \times 28$　　　　　$106 \times 48-6 \times 48$

2. 判断题。

（1）$125 \times 16=125 \times 8 \times 2$运用了乘法分配律。（　　）

（2）$102 \times 98=（100+2）\times 98$运用了乘法分配律。（　　）

（3）两个数的和与一个数相乘，可以先把它们分别与这个数相乘，再将积相加，这叫作乘法分配律。（　　）

（4）$(25 \times 4) \times 8 = 25 \times 8 + 4 \times 8$。（　　）

设计意图： 在解决实际问题的过程中，感受等值变形的特点，发现规律，归纳概括出乘法分配律，体现了推理意识的核心素养。

◆ 拓展性作业

1. 尝试运用乘法分配律计算下列各题。

34×102　　　　　　25×99　　　　　　$47 \times 99 + 47$

2. 如果动车的最高时速是252千米，而普通列车的最高时速是122千米。同时行驶4小时，动车比普通列车多行多少千米？（用两种方法解答）

设计意图： 根据数的特点，合理运用乘法分配律，使运算变得简便，体现了数感和运算能力的核心素养；既可以让学生感悟数学与实际生活之间的联系，也可以拓展学生的数学思维，提高数学应用能力。

三位数除以两位数

惠州市光正实验学校　　刘　敏　　倪晓君

教材来源： 小学数学北师大版教材。

知识内容： 四年级上册"参观花圃"。

布置时机： 学习北师大版四年级数学上册教材第69页之后。

作业目标：

1. 理解三位数除以两位数的算理，能用竖式正确计算三位数除以两位数，能运用除法解决问题，发展学生的运算能力。

2. 掌握把除数看作整十数进行试商的方法。

3. 在解决简单实际问题的过程中，发展学生的应用意识。

作业设计：

◆ 基础性作业

1. 想一想，填一填，算一算。

186÷31=□		
"18"比31小，商的最高位是（　）位，商是（　）位数	把31看作（　），（　）×6=180，（　）×7=210，商可能是（　）	（　）（　） 31）186 （　） ――――― 　　　0
186÷39=□……□		
商是（　）位数	把39看作（　），（　）×4=160，（　）×5=200，商可能是（　）	（　）（　） 39）186 （　） ――――― （　）

我发现：除数是两位数的除法，先看被除数的前（　）位，并把除数看成（　）数进行试商。

2. 竖式计算。

228÷21=　　　　405÷32=　　　　268÷67=

3. 一堆煤重437吨，已运走311吨，剩下的煤用汽车一次运完，每辆运18吨，需要几辆车？

设计意图： 经历用乘法估商的过程，明确用"四舍五入"法把除数看作与它接近的整十数进行试商的步骤和方法，体现了数感的核心素养。

◆ 拓展性作业

1. 填一填。

（1）△÷28=……○，○里最大的整数是（　），△最大是（　）。

（2）□36÷53，若商是一位数，则□里可以填（　）；若商是两位数，则

□里可以填（　　）。

（3）561÷5□，若商是一位数，则□里可以填（　　）；若商是两位数，则□里可以填（　　）。

（4）括号里最大能填几?

40×（　　）<281　　　　60×（　　）<353

79×（　　）<325　　　　59×（　　）<560

2. 列竖式计算。

734÷81=　　　　　548÷65=　　　　　351÷47=

3. 下面是四年级回收废旧电池统计表。

班级	人数	回收旧电池总数/节
四（1）班	43	774
四（2）班	42	672
四（3）班	44	836

学校准备为四年级同学颁发最佳贡献奖，请你帮忙算一算，这个最佳贡献奖归哪个班的同学所得。

设计意图：这样的作业设计，既可以让学生感悟数学与实际生活之间的联系，也可以拓展学生的数学思维，提高数学应用能力。

小数的进位加法和退位减法

惠州市光正实验学校　张艳霞　倪晓君

教材来源：小学数学北师大版教材。

知识内容：四年级下册"比身高"知识点。

布置时机：学习北师大版四年级数学下册教材第15页之后。

作业目标：

1. 理解并掌握小数加减法（进位、退位）的计算方法，并能正确计算。

2. 能运用所学知识解决生活中简单的实际问题。

3. 感受数学与生活的密切联系，逐步养成严谨认真的学习习惯。

作业设计：

1. 早餐。

条件：做对1题，获得1份。

收获：①包子；②牛奶；③三明治；④蛋糕（请打"√"）。

用竖式计算：

5.83+20.8=   29.1+2.96=

30−8.64=   14.57+28.63=

2. 中餐。

条件：做对1题，获得1份。

收获：①牛排；②茄子煲（请打"√"）。

下面的计算对吗？若不对，请改正。

$$\begin{array}{r} 5 \\ -\ 5.06 \\ \hline 2.06 \end{array}$$ $$\begin{array}{r} 3.24 \\ +\ 17.8 \\ \hline 50.2 \end{array}$$

改正：   改正：

3. 晚餐。

条件：做对1题，获得1道菜。

收获：获得（   ）道菜。

（1）请在括号里填上合适的数。

$$
\begin{array}{r}
\triangle\,.\,\not\approx \\
+\ 1\ \bigcirc\,.\,2 \\
\hline
2\ \not\approx\,.\,3
\end{array}
$$

$\triangle = (\qquad)$

$\not\approx = (\qquad)$

$\bigcirc = (\qquad)$

$$
\begin{array}{r}
\blacktriangle\ \bigstar\ 5 \\
-\quad \blacktriangle\ \bigstar\,.\,5 \\
\hline
\blacktriangle\ \blacktriangle\ \bigstar\,.\,5
\end{array}
$$

$\blacktriangle = (\qquad)$

$\bigstar = (\qquad)$

（2）妈妈买来一桶蜂蜜，蜂蜜连桶共重4.5千克，用去一半蜂蜜后连桶共重2.5千克，这桶蜂蜜原来重多少千克？桶重多少千克？

（3）淘气在计算6.52加上一个一位小数时，由于错误地将数的末位对齐，结果得到7.65，正确的结果应当是多少？

设计意图：通过小数加减法竖式计算和改错练习，强化算理，培养学生熟练的计算能力。

小数乘整数

惠州市光正实验学校　罗婷婷　倪晓君

教材来源：小学数学北师大版教材。

知识内容：四年级下册"小数乘法"。

布置时机：学习北师大版四年级数学下册教材第33页之后。

作业目标：

1. 了解小数乘法的意义，掌握小数乘整数的计算法则，运用知识迁移，培养类推能力。

2. 能正确进行小数乘整数的计算。

3. 培养学生认真观察和善于思考的学习习惯，渗透转化的数学思想。

作业设计：

◆ 基础性作业

1. 涂一涂，算一算。

$0.5 \times 3 =$ 　　　　$8 \times 0.04 =$

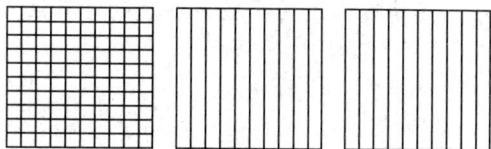

2. 口算。

$0.4 \times 2 =$ 　　　　$0.03 \times 4 =$ 　　　　$0.1 \times 9 =$

$6 \times 0.2 =$ 　　　　$3 \times 0.3 =$ 　　　　$7 \times 0.2 =$

3. 填空。

（1）0.4+0.4+0.4+0.4=（　　）×（　　）=（　　）。

（2）0.7+0.7+0.7+0.7改写成乘法算式是（　　），结果是（　　）。

（3）8个0.3是（　　），6个0.6是（　　）。

4. 青少年三项全能运动会由长跑、游泳、自行车三个项目组成。长跑项目要在跑道上跑8圈，每圈长0.4千米，一共要跑多少千米？

设计意图： 把各种不同的算法和想法呈现给学生，使学生在用多种方法解决问题的过程中，巩固小数乘整数的意义。

◆ 拓展性作业

1. $2 \times 3 =$（　　）+（　　）+（　　）。

2. 一桶香油重5.6千克，4桶重多少千克？加法算式是：（　　　　　　　），乘法算式是：（　　　　　　　）。

3. 判断题。

（1）$0.7 \times 7 = 0.49$。（　　）

（2）1个夹子6角5分，买5个需要多少钱？列式：0.65×5。（　　）

（3）小数乘整数的意义和整数乘法的意义相同。（　　）

4. 一条泳道长0.23千米，一名运动员连续游3个来回，这名运动员一共要游多少千米？

5. 把一根木料锯成0.3米长的小段，锯了7次，正好锯完。这根木料原来长多少米？

设计意图：联系生活情境，运用小数乘整数的计算法则解决问题，培养数学思维。

积的小数位数与乘数小数位数的关系

惠州市光正实验学校　罗婷婷　倪晓君

教材来源：小学数学北师大版教材。

知识内容：四年级下册"小数乘法"。

布置时机：学习北师大版四年级数学下册教材第33页之后。

作业目标：

1.探索简单的小数乘法的计算方法，理解算理，积累相关数学活动经验。

2.掌握积的小数位数与乘数的小数位数间的关系，体会数学转化思想。

作业设计：

◆ **基础性作业**

请你担任小老师，批改以下的作业，将错的题目订正过来，并且说一说这道题应该如何订正，用视频或音频记录下来。

《积的小数位数与乘数小数位数的关系》作业设计

基础性作业

一、填空。

1. 计算 4.2×0.3 时，先把 4.2 看作（42），把 0.3 看作（3），算出积后，再从积的（右）边起数出（2）位，点上小数点。

2. 9.05×4.7 的积有（三）位小数；0.28×0.17 的积有（四）位小数。

3. 根据第一栏的积按找写出后面每栏的积。

乘数	14	1.4	14	0.14	1.4	1.4
乘数	24	24	2.4	24	2.4	0.24
积	336	33.6	33.6	3.36	3.36	3.36

二、判断。

1. 一个数乘大于 1 的数，积大于原来的数。（√）

2. 5×2.44 的积的小数位数有一位。（×）

3. 因为 12×35=420，所以 1.2×3.5=42（×）

你认为该同学的作业完成情况如何？请你继续加油，完成下面的作业，争取超越这位同学！

◆ 拓展性作业

1. 根据25×58=1450，在括号里填写合适的数。

（　）×（　）=14.5　　　　（　）×（　）=1.45

（　）×（　）=14.5　　　　（　）×（　）=1.45

（　）×（　）=0.145　　　（　）×（　）=0.0145

（　）×（　）=0.145　　　（　）×（　）=0.0145

2. 唐诗中"危楼高百尺，手可摘星辰"，请你算一算，诗句中的高楼是多少米。（唐代一尺是0.307米）

设计意图：灵活运用积的小数位数与乘数的小数位数间的关系，体现了数学转化思想和应用意识的核心素养。

小数四则混合运算

惠州市光正实验学校　陈清梅　倪晓君

教材来源：小学数学北师大版教材。

知识内容：五年级上册"调查'生活垃圾'"。

布置时机：学习北师大版五年级数学上册教材第17页之后。

作业目标：

1. 掌握小数四则混合运算的运算顺序，培养归纳和概括能力，渗透类比思想。

2. 会正确进行小数四则混合运算，理解算理，体现运算能力的核心素养。

3. 综合运用知识解决实际问题，激发学习兴趣，感受数学的价值。

作业设计：

◆ **基础性作业**

1. 选一选。（将正确答案的序号填在括号里）

（1）计算84+3.6×（84-24÷0.4）时，要先算是（　）法，再算（　）法，然后算（　）法，最后算（　）法。

A. 加　　　　　　B. 减　　　　　　C. 乘　　　　　　D. 除

（2）1.82÷1.82×0.8×0.8的计算结果是（　）。

A. 1　　　　　　B. 0.64　　　　　　C. 6.4　　　　　　D. 640

2. 计算下面各题。

$36.8+3.2÷0.5$　　　　　$1.5×（10.7-0.35÷0.5）$　　　　　$3.9÷（1.3×5）$

设计意图：了解小数四则混合运算顺序和整数混合运算的运算顺序相同，理解算理，掌握算法。

◆ **拓展性作业**

1. 选一选。（将正确答案的序号填在括号里）

我国习惯用℃作温度的单位（摄氏温度），而有些国家习惯用°F作温度的单位（华氏温度），它们之间的换算方法是：摄氏温度=（华氏温度-32）÷1.8。已知人体的正常体温是97.88°F，用摄氏温度表示是（　）℃。

A. 36.5　　　　　　B. 36.6　　　　　　C. 36.7　　　　　　D. 36.8

2. 脱式计算，能简算的要简算。

$5.4÷0.125÷0.8$　　　　　$3.84-3.84÷1.5$　　　　　$36.36÷3.6+6.364÷36$

3. 3双鞋子和8件运动衣共557.5元，同样的3双鞋子球和10件运动衣共660.5元，每双鞋子多少元？每件运动衣多少元？

设计意图：运用除法性质、乘法分配律等运算定律与数字的基本性质，从而使小数四则混合运算计算简便，快速得出答案；联系生活实际，解决生活中有关小数四则混合运算的趣味题。

约 分

惠州市光正实验学校　陈清梅　倪晓君

教材来源： 小学数学北师大版教材。

知识内容： 五年级数学上册"约分"。

布置时机： 学习北师大版五年级数学上册教材第79页之后。

作业目标：

1. 经历探索理解最简分数和约分的意义，培养学生的迁移能力和分析研究问题的能力。

2. 根据分数的基本性质探索并掌握约分的方法，感受约分的应用价值。

3. 借助图形，帮助理解约分的算法和规律，体现几何直观的核心素养。

作业设计：

◆ 基础性作业

1. 把最简分数的气球涂上颜色。

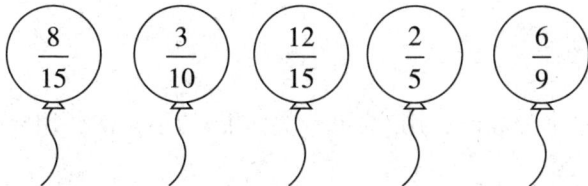

2. 选一选。（将正确答案的序号填写在括号里）

（1）$\dfrac{24}{36}$ 化成最简分数后，分数单位是（　　）。

A. $\dfrac{1}{36}$ 　　　　B. $\dfrac{1}{3}$ 　　　　C. $\dfrac{1}{6}$ 　　　　D. $\dfrac{1}{4}$

（2）在 $\dfrac{3}{7}$，$\dfrac{9}{12}$，$\dfrac{7}{16}$，$\dfrac{15}{36}$ 中，最简分数有（　　）个。

A. 4 　　　　　B. 3 　　　　　C. 2 　　　　　D. 1

3.先约分，再化成带分数或整数。

$$\frac{16}{10} \qquad \frac{24}{16} \qquad \frac{42}{14} \qquad \frac{70}{60}$$

设计意图：根据分数的基本性质掌握约分的方法，能快速判断出谁是最简分数；通过约分，巩固约分的方法，明确在约分的时候我们应准确判断出分子、分母是几的倍数，然后快速进行约分，进一步总结规律和方法提高归纳能力，使思维更缜密。

◆ 拓展性作业

1.填空题。

（1）一个最简真分数，把它的分子扩大为原来的3倍，分母变为原来的一半后是$\frac{9}{2}$，原分数是（　　），它的分数单位是（　　）。

（2）一个分数的分子A，分母是B，A＝2×2×3×5×7，B＝2×3×3×5×5×7，那么这个分数约分后的最简分数是（　　）。

2.简答题。

（1）一个分数，约分后是$\frac{3}{17}$，已知原分数的分子比分母小42，求原分数。

（2）化简一个分数时，用7约了一次，用4约了一次，用5约了一次，最后结果是$\frac{1}{2}$。原来的分数是多少？

设计意图：从约分后的结果逆推出原来的分数，通过针对性练习让学生更好掌握对分数基本性质和约分的变形应用，加强学生的思维训练，培养学生的推理能力和解决问题的能力。

分数加减法及加减混合运算

惠州市光正实验学校　倪晓君

教材来源： 小学数学北师大版教材。

知识内容： 五年级数学下册"折纸""星期日的安排"。

布置时机： 学习北师大版五年级数学下册教材第6页之后。

作业目标：

1. 理解异分母分数加法的算理，掌握其算法，体现运算能力的核心素养。

2. 计算结果不是最简分数的，一般要化成最简分数。

3. 计算整数与分数的连减或加减混合运算时，可以先把整数化成与分数的分母相同的假分数，再进行计算。

4. 借助图形，解决分子是1的异分母分数相加减的问题，体现几何直观的核心素养。

作业设计：

◆ 基础性作业

1. 算一算。

$$\frac{2}{7}+\frac{1}{14}=\qquad \frac{2}{7}-\frac{1}{14}=\qquad \frac{1}{3}-\frac{2}{15}=\qquad 1-\frac{3}{7}-\frac{4}{7}=$$

$$\frac{11}{15}-\frac{3}{5}=\qquad \frac{11}{15}+\frac{1}{5}=\qquad \frac{3}{4}+\frac{7}{8}=\qquad \frac{4}{5}+\left(\frac{1}{5}-\frac{1}{9}\right)=$$

2. 选一选。（将正确答案的序号填写在括号里）

（1）异分母分数不能直接相加减的原因是（　　）。

A. 分数的大小不同　　　　B. 分数单位的个数不同

C. 分数单位不同　　　　　D. 以上都不对

（2）计算 $\frac{1}{3} - \frac{2}{9}$ 时，选（　）作公分母最合适。

A. 3　　　　　　B. 9　　　　　　C. 18　　　　　　D. 27

3.填一填。

（1）一根绳子第一次用去了 $\frac{2}{7}$，第二次用去了 $\frac{1}{3}$，两次一共用去了这根绳子的（　），还剩下这根绳子的（　）。

（2）$\frac{9}{10}$ 米比（　）米长 $\frac{1}{5}$ 米，（　）米比 $\frac{1}{3}$ 米多 $\frac{3}{4}$ 米。

设计意图：了解异分母分数不能直接相加减的原因，理解其算理，掌握其算法；异分母分数加减法，最重要的是寻找公分母，当两个分数的分母是倍数关系时，较大的分母就是这两个分数的公分母。

◆ 拓展性作业

1.选一选。（将正确答案的序号填写在括号里）

一根绳子长 $\frac{3}{4}$ 米，淘气测量的是 $\frac{9}{16}$ 米，笑笑测量的是 $\frac{5}{8}$ 米，测量误差较大的是（　）。

A. 淘气　　　　　　B. 笑笑　　　　　　C. 一样大　　　　　D. 无法确定

2.观察下面算式和得数的特点，直接写出得数。

$\frac{1}{2} + \frac{1}{3} = \frac{5}{6}$，$\frac{1}{3} + \frac{1}{4} = \frac{7}{12}$，$\frac{1}{4} + \frac{1}{5} = \frac{9}{20}$，$\frac{1}{5} + \frac{1}{6} = （　）$，$\frac{1}{6} + \frac{1}{7} = （　）$。

$\frac{1}{2} - \frac{1}{3} = \frac{1}{6}$，$\frac{1}{3} - \frac{1}{4} = \frac{1}{12}$，$\frac{1}{4} - \frac{1}{5} = \frac{1}{20}$，$\frac{1}{5} - \frac{1}{6} = （　）$，$\frac{1}{6} - \frac{1}{7} = （　）$。

3.不通分，你能很快算出下面各题的结果吗？

$\frac{1}{2} + \frac{1}{4} + \frac{1}{8} + \frac{1}{16}$　　　　　$\frac{1}{2} + \frac{1}{6} + \frac{1}{12} + \frac{1}{20}$

4.淘气喝一杯果汁，第一次喝了整杯的 $\frac{2}{5}$，然后加满水；第二次喝了整杯的 $\frac{1}{4}$，然后加满水；第三次喝了整杯的 $\frac{1}{5}$，然后加满水；第四次全部喝完。淘气喝的果汁多还是水多？

设计意图：运用归纳法解决分子是1的异分母分数相加减的问题；联系生活实际，解决生活中有关分数的趣味题。

分数乘整数

惠州市光正实验学校　倪晓君

教材来源：小学数学北师大版教材。

知识内容：五年级数学下册"分数乘法（一）""分数乘法（二）"。

布置时机：学习北师大版五年级数学下册教材第27页之后。

作业目标：

1.借助直观图，采用数形结合思想探究分数乘整数的计算方法。

2.理解分数乘整数的算理与算法之间的关系，体现运算能力的核心素养。

3.借助分数乘整数的计算方法，解决单位换算问题。

4.探究并运用乘数与积的变化规律。

作业设计：

◆ 基础性作业

1.涂一涂，算一算。

（1）10的 $\dfrac{2}{5}$ 是多少？ □□□□□
　　　　　　　　　　　　　□□□□□

（2）2个 $\dfrac{3}{8}$ 是多少？ ⊕

2.直接写出得数。

$24 \times \dfrac{3}{4} =$ 　　　　　$15 \times \dfrac{3}{5} =$ 　　　　　$11 \times \dfrac{13}{24} =$

$100 \times \dfrac{99}{100} =$ 　　　　$39 \times \dfrac{25}{26} =$ 　　　　$\dfrac{13}{87} \times 3 =$

3. 填一填。

（1）5个 $\frac{1}{10}$ 的和是（　　），$\frac{3}{4}$ 的12倍是（　　），25的 $\frac{3}{5}$ 是（　　）。

（2）$\frac{13}{20}$ m=（　　）dm　　$\frac{1}{5}$ t=（　　）kg　　$\frac{3}{8}$ kg=（　　）g

设计意图：数形结合，探究并掌握分数乘整数的计算方法；明白分数乘整数的意义与整数乘法的意义相同。

◆ 拓展性作业

1. 填表。

乘数	18				
乘数	9	3		$\frac{1}{3}$	$\frac{1}{9}$
积		18			

我发现：乘数○1，积○18；乘数○1，积○18；乘数○1，积○18。（填">""<"或"="）

2. 杨树有36棵，柏树比杨树多 $\frac{1}{3}$，柏树比杨树多（　　）棵；松树比杨树少 $\frac{1}{4}$，松树比杨树少（　　）棵。

3. $\frac{4}{5}$ 时=（　　）分　　$\frac{4}{25}$ km² =（　　）公顷　　$\frac{2}{3}$ 天=（　　）时

4. 长方形的宽是（　　）m，面积是（　　）m²。

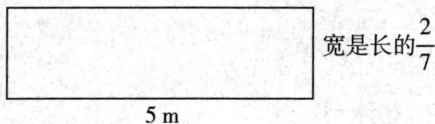

宽是长的 $\frac{2}{7}$

5 m

5. 小明看一本80页的故事书，第一天看了 $\frac{2}{5}$，第二天应从多少页看起？（先画一画，再计算）

6. 一块冰，每小时质量减少一半，3小时后它的质量为 $\frac{7}{8}$ kg，这块冰最初的质量是多少千克？

设计意图：归纳、总结、运用乘数与积的变化规律进行计算；借助分数乘整数的计算方法，解决单位换算问题；运用递推法解决还原问题。

分数乘分数

惠州市光正实验学校　倪晓君

教材来源：小学数学北师大版教材。

知识内容：五年级数学下册"分数乘法（三）""倒数"。

布置时机：学习北师大版五年级数学下册教材第35页之后。

作业目标：

1. 运用画图的方式建立形与数的联系，理解分数乘分数的算理，构建分数乘法运算的直观模型，体现几何直观的核心素养。

2. 在计算分数乘分数时，能约分的要先约分再计算，使计算更简便。

3. 拓展带分数（或小数）乘分数的计算方法。

4. 会求一个数的倒数；解决含有两个整体"1"的实际问题。

作业设计：

◆ 基础性作业

1. 计算。

$\frac{7}{12} \times \frac{3}{10} =$　　　　$\frac{9}{7} \times \frac{7}{9} =$　　　　$\frac{4}{5} \times \frac{8}{9} =$

$\frac{7}{10} \times \frac{6}{7} =$　　　　$\frac{4}{7} \times \frac{1}{2} =$　　　　$\frac{5}{9} \times 0.6 =$

2. 照样子，画一画。

$\dfrac{1}{2} \times \dfrac{1}{4}$ $\qquad\qquad$ $\dfrac{1}{4} \times \dfrac{2}{5}$ $\qquad\qquad$ $\dfrac{2}{3} \times \dfrac{3}{4}$

3. 在○里填上">""<"或"="。

$\dfrac{2}{3} \times \dfrac{3}{4} \bigcirc \dfrac{2}{3}$ $\qquad$ $\dfrac{5}{6} \times \dfrac{1}{4} \bigcirc \dfrac{3}{4}$ $\qquad$ $\dfrac{9}{10} \times 1 \bigcirc \dfrac{9}{10}$ $\qquad$ $\dfrac{5}{3} \times \dfrac{3}{5} \bigcirc 1$

4. 写出下列各数的倒数。

$\dfrac{5}{6}$ (　　　) $\quad$ $1\dfrac{1}{3}$ (　　　) $\quad$ 0.4 (　　　) $\quad$ $\dfrac{1}{12}$ (　　　) $\quad$ 3.7 (　　　)

设计意图：掌握分数乘分数的计算方法；理解分数乘法中乘数与积的关系；理解倒数的意义，体现数感的核心素养。

◆ 拓展性作业

1. 画一画。（画图表示所给的乘法算式）

$\dfrac{2}{3} \times \dfrac{1}{2}$: $\qquad\qquad\qquad$ $\dfrac{2}{5} \times \dfrac{3}{4}$:

2. 奇思和妙想各买了一瓶相同的果汁。奇思喝去一瓶果汁的 $\dfrac{1}{4}$，妙想喝去 $\dfrac{1}{4}$ L，现在瓶中剩下的果汁相比较，（　　　）。

A. 奇思剩下的果汁多 $\qquad\qquad$ B. 妙想剩下的果汁多

C. 两人剩下的果汁同样多 $\qquad$ D. 无法确定谁剩下的果汁多

3. 笑笑看一本280页的课外书，第一天看了这本书的 $\dfrac{3}{7}$，第二天看的页数是第一天的 $\dfrac{2}{3}$。这两天笑笑一共看了多少页？

分数除法

惠州市光正实验学校　林美亭　倪晓君

教材来源： 小学数学北师大版教材。

知识内容： 五年级数学下册"分数除法（一）""分数除法（二）"。

布置时机： 学习北师大版五年级数学下册教材第59页之后。

作业目标：

1. 探索分数除以整数，一个数除以分数的计算方法。

2. 理解分数除法的意义，会正确计算分数除以整数，一个数除以分数，理解分数除法的算理。

3. 会根据分数的一些特性进行分数除法的有关计算，能解决简单的分数除法实际问题。

作业设计：

◆ 基础性作业

1. 我会填。

（1）$\dfrac{7}{8} \div 5 = \dfrac{7}{8} \times \dfrac{(\quad)}{(\quad)} = \dfrac{(\quad)}{(\quad)}$　　　　$\dfrac{5}{12} \div 7 = \dfrac{5}{12} \times \dfrac{(\quad)}{(\quad)} = \dfrac{(\quad)}{(\quad)}$

$\dfrac{13}{18} \div \dfrac{4}{9} = \dfrac{(\quad)}{(\quad)} \times \dfrac{(\quad)}{(\quad)} = \dfrac{(\quad)}{(\quad)}$　　　　$\dfrac{9}{10} \div \dfrac{3}{2} = \dfrac{(\quad)}{(\quad)} \times \dfrac{(\quad)}{(\quad)} = \dfrac{(\quad)}{(\quad)}$

（2）$\dfrac{5}{12} \div 3$ 就是把（　　）平均分成（　　）份，求其中一份是（　　）；$\dfrac{5}{12} \div \dfrac{5}{6}$ 相当于求 $\dfrac{5}{12}$ 的 $\dfrac{(\quad)}{(\quad)}$ 是多少。

（3）一个数除以一个不为0的数，等于乘这个数的（　　）。

2. 我会判断。

（1）一个数（0除外）除以分数，商一定比这个数大。（　　）

（2）一个数（0除外）除以 $\dfrac{1}{3}$，这个数就扩大到原来的3倍。（　　）

（3）$7 \div \dfrac{5}{8}$ 表示7的 $\dfrac{5}{8}$ 是多少。（　　）

3. 解决问题。

（1）一辆汽车行驶了6 km耗油 $\dfrac{5}{24}$ L，平均每千米耗油多少升？

（2）乐乐4 min可以跑 $\dfrac{4}{5}$ km，可可5 min跑了 $\dfrac{7}{10}$ km，谁跑得快？

设计意图：这样的作业设计，既让学生掌握了分数乘分数的计算方法，又可以让学生理解分数乘分数的意义：一个数除以一个不为0的数就是求这个数的几分之几是多少，又让学生对倒数有了新的认识。

◆ 拓展性作业

1. 我会填。

（1）240 m=（　　）km　　　　12时=（　　）天

　　 35分=（　　）时　　　　1500 g=（　　）kg

（2）$\dfrac{4}{5}$ 吨回收的废纸能生产再生纸 $\dfrac{3}{4}$ 吨，照这样计算，1吨回收的废纸可以生产再生纸（　　）吨。生产1吨再生纸需要回收（　　）吨废纸。

（3）商与被除数的关系：被除数和除数都不是0，当除数小于1时，商（　　）被除数；当除数等于1时，商（　　）被除数；当除数大于1时，商（　　）被除数。（填"大于""小于"或"等于"）

（4）根据上面的规律，判断大小。

$5 \div \dfrac{2}{3} \bigcirc 5$　　　　　$\dfrac{7}{10} \div \dfrac{5}{3} \bigcirc \dfrac{7}{10}$　　　　　$\dfrac{9}{11} \div \dfrac{9}{11} \bigcirc \dfrac{9}{11}$

（5）已知a，b，c都大于0，若$a \div \dfrac{2}{3} = b \div \dfrac{3}{2} = c \div \dfrac{1}{2}$，根据上面的规律比较$a$，$b$，$c$的大小。

2. 解决问题。

（1）一列高铁从北京开往杭州，$\frac{3}{2}$ 时行驶了 500 km，正好是全程的 $\frac{2}{5}$，从北京到杭州有多少千米？照这样的速度，从北京到杭州需要几时？

（2）奇思在计算一道乘法算式时，把乘 8 按照除以 8 计算了，得到的结果是 $\frac{7}{2}$。原来正确的结果是多少？

设计意图：这样的作业设计，从各方面让学生了解并认识分数除法，认识除法算式中商和被除数的关系是受除数的大小变化而变化，从规律中总结方法去解决比大小的数学问题；让学生去研究用转化法解决整数除以带分数的问题。

分数混合运算（一）

惠州市光正实验学校　易小莉　倪晓君

教材来源：小学数学北师大版教材。

知识内容：六年级数学上册"分数混合运算（一）"。

布置时机：学习北师大版六年级数学上册教材第 23 页之后。

作业目标：

1. 在解决有关分数乘除混合运算的具体问题的过程中，会用画图的策略直观呈现数量关系。

2. 结合具体情境，体会分数混合运算的运算顺序与整数混合运算的运算顺序相同，能正确计算分数混合运算。

3. 能解决有关分数混合运算的简单实际问题，培养分析问题和解决问题的能力。

作业设计：

◆ **基础性作业**

1. 算一算。

$$\frac{5}{8} \times \frac{2}{5} \times \frac{8}{3} \qquad 12 \div \frac{2}{3} \times \frac{5}{6} \qquad 24 \div \frac{3}{7} \div \frac{4}{5} \qquad 4 \div \left(\frac{2}{5} \times \frac{7}{8} \right)$$

2. 看图列式计算。

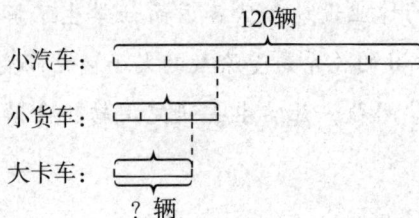

3. 解决问题。

小强1分跳绳150次，小明1分跳的次数是小强的 $\frac{3}{5}$，小虎1分跳的次数是小明的 $\frac{5}{9}$，小虎1分跳多少次？（画一画，再列式计算）

设计意图：通过分数混合运算的练习，加强对分数乘除混合运算顺序与整数乘除运算顺序一样的理解和巩固。利用示意图，直观展示相关的信息和问题，呈现图中的数量关系，体现了示意图解决问题的直观性。利用画图描述和分析问题，可以把复杂的问题变得简明、形象，有助于探索解决问题的思路，体现了数形结合的思想，培养了学生分析问题和解决问题的能力。

◆ **拓展性作业**

1. 计算。

$$\frac{9}{16} \div \frac{3}{5} \div \frac{3}{5} \qquad\qquad \frac{2}{5} \div \frac{4}{5} \times \frac{5}{4}$$

2. 笑笑在计算一个数除以 $\frac{2}{5}$ 再乘 $\frac{3}{4}$ 时，把除以看成了乘，把乘看成了除以，结果算出的答案是 $\frac{1}{3}$ ，这道题的正确结果是多少？

3. 解决问题。

甲、乙、丙三袋大米，从甲袋中拿出 $\frac{3}{4}$ kg大米放入乙袋，从乙袋中拿出 $\frac{3}{8}$ kg大米放入丙袋，这时三袋大米的质量相等，原来甲袋大米比乙袋大米多多少千克？

设计意图：考查学生在受到题目中数据干扰的情况下，对混合运算顺序的掌握。在解决看错问题时，可利用错误的结果进行倒推，体现了逆向思维的数学方法，培养学生的推理和解决问题的能力，拓展学生的数学思维能力。

分数混合运算（二）

惠州市光正实验学校　易小莉　倪晓君

教材来源：小学数学北师大版教材。

知识内容：六年级上册"分数混合运算（二）"。

布置时机：学习北师大版六年级数学上册教材第26页之后。

作业目标：

1. 结合具体情境掌握"求比一个数多（或少）几分之几的数是多少"的实际问题的解决方法，学会用直观图和线段图表示复杂的数量关系。

2. 在观察比较中，体会整数的运算律在分数运算中同样适用。

作业设计：

◆ 基础性作业

1. 算一算。

$$\frac{4}{7} \times \frac{5}{6} + \frac{4}{7} \times \frac{1}{6} \qquad \left(\frac{3}{4} + \frac{1}{3}\right) \times 24 \qquad 12 \times \left(\frac{3}{4} - \frac{1}{6}\right)$$

2. 看图列式计算。

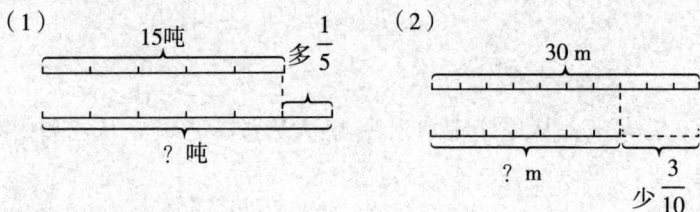

（1）

15吨　多$\frac{1}{5}$　? 吨

（2）

30 m　? m　少$\frac{3}{10}$

3. 解决问题。

渔夫昨天打了180 kg鱼，今天打的鱼比昨天多$\frac{1}{6}$，今天打了多少千克鱼？

设计意图：体会整数乘法中的运算律在分数中同样适用，并能运用分配律进行运算，感受借助运算律进行运算的合理性和简便性。利用示意图，直观展示相关的信息和问题，呈现图中的数量关系，体现了示意图解决问题的直观性。

◆ 拓展性作业

1. 算一算。

$$\frac{73}{100} \times 101 \qquad 98 \times \frac{3}{10}$$

2. 一件商品80元，先提价$\frac{1}{10}$，再降价$\frac{1}{10}$，这件商品的现价是多少元？

设计意图：再次体会整数乘法中的运算律的变形在分数中同样适用，并能根据整数中的运算方法运用分配律进行运算，感受利用旧知识转化新知识的思想解决问题。

比的应用

惠州市光正实验学校　马廷宾　倪晓君

教材来源：小学数学北师大版教材。

知识内容：六年级数学上册"比的应用"。

布置时机：学习北师大版六年级数学上册教材第74页之后。

作业目标：

1. 能运用比的意义解决按照一定的比进行分配的实际问题。

2. 运用多种方法解决问题，提高解决问题的能力，体现了运算能力的核心素养。

作业设计：

◆ **基础性作业**

1. 选一选。（将正确答案的序号填在括号里）

（1）六年级（2）班有36人，女生与男生的人数比是3∶1，女生有（　　）人。

A. $36 \times \dfrac{2}{3+1}$　　　　B. $36 \times \dfrac{3}{3+1}$　　　C. $36 \times \dfrac{1}{3+1}$

（2）某厂男工和女工的人数比是3∶2，男工与全厂职工的人数比是（　　）。

A. 3∶2　　　　B. 2∶5　　　　C. 3∶5

2. 操作题。

画一个长与宽的比是3∶1、周长是16 cm的长方形。

设计意图：进一步认识比的意义，体会按比进行分配的合理性，体现了运算能力的核心素养。

◆ **拓展性作业**

1. 某制药厂配制84消毒液，药液与水的比是3∶500，现用1.5千克的药液，可以配制84消毒液多少千克？

2. 一种混凝土中的水泥、沙子、石子的质量比是2∶3∶5，现在三种配料各有12吨，如果用完沙子，水泥剩多少吨？石子缺多少吨？

设计意图：让学生感悟数学与实际生活之间的联系，通过按比的分配方式，以不同的解题方式拓展学生的数学思维，提高数学应用能力，再次体会按比分配的合理性。

百分数的应用（一）

惠州市光正实验学校　马廷宾　倪晓君

教材来源：小学数学北师大版教材。

知识内容：六年级数学上册"百分数的应用（一）"。

布置时机：学习北师大版六年级数学上册教材第87页之后。

作业目标：

1. 在具体的情境中理解"增加百分之几"或"减少百分之几"的意义，加深对百分数意义的理解。

2. 提高运用数学解决实际问题的能力，体会百分数与现实生活的密切联系。

作业设计：

◆ 基础性作业

1. 判断题。（对的打"√"，错的打"×"）

（1）钢材价格第一次提价10%，第二次又提价10%，现价比原价提高了20%。（　　）

（2）一件衣服先涨价5%，再降价5%，现价和原价一样。（　　）

（3）甲数比乙数多 $\frac{3}{5}$，乙数就比甲数少37.5%。（　　）

2. 填一填。

（1）一款手机，每部的售价从1200元降到800元，降低了（　　）%。

（2）为了迎接学校运动会，同学们做了40面黄旗、50面红旗，做的黄旗数量比红旗少（　　）%，做的红旗数量比黄旗多（　　）%。

3. 看图列式计算。

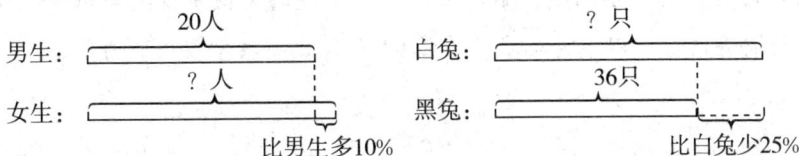

男生：$\underbrace{\overbrace{\qquad\qquad}^{20人}\qquad}$

女生：$\underbrace{\qquad\qquad\qquad}_{?人}$

比男生多10%

白兔：$\underbrace{\qquad\qquad}^{?只}$

黑兔：$\underbrace{\overbrace{\qquad}^{36只}\qquad}$

比白兔少25%

设计意图：利用线段图帮助理解"增加（减少）了百分之几"的意思，从抽象到直观，利于分析数量，明确解题思路，形成数形结合的数学思维。

◆ 拓展性作业

1. 选一选。（将正确答案的序号填在括号里）

（1）某种商品11月份的价格比10月份上涨了15%，12月份的价格比11月份下降了10%，那么这种商品12月份的价格与10月份相比，变化是（　　）。

A. 上涨5%　　　　B. 下降5%　　　　C. 上涨3.5%　　　　D. 下降3.5%

（2）下面的说法中，正确的有（　　）个。

① 某菜场猪肉先涨价20%后又降价20%，现价大于原价。

② 在0.25：$a=b$：4中，a和b一定互为倒数。

③ 在160克水里加入40克盐，该盐水的含盐率是25%。

④ 若$a\div b=9$（a和b都是自然数），那么a和b的最大公因数是a，最小公倍数是b。

A. 1　　　　　　B. 2　　　　　　C. 3　　　　　　D. 4

2. 解决问题。

（1）图书文化城五一劳动节开展促销活动，所有书本、文具一律降价8%，在此基础上，图书文化城还返还消费额5%的现金. 此时到图书文化城购买图书和文具，相当于降价百分之几？

（2）为构建节约型社会，加强公民节水意识，某城市制定了以下用水收费标准：每户每月用水量不超过10吨时，每吨水费为3.6元；如果超过10吨，那么超出部分每吨水的水费在每吨3.6元的基础上要加价50%，王大伯家上个月用水

18吨，需缴水费多少元?

设计意图：进一步明晰，解决百分数的问题的关键不仅要看清楚"谁和谁比"，还要弄清楚"以谁为标准（单位1）"，提高数学应用能力。

正比例与反比例

惠州市惠阳区秋长中心小学　叶　宇

学习素养作业信息：

学段	小学	教材版本	北师大版
学科	数学	单元名称	正比例与反比例
年级	六年级	任务主题	正比例与反比例的知识
学期	第二学期	布置时机	学习完"正比例与反比例"之后

知识网络体系：

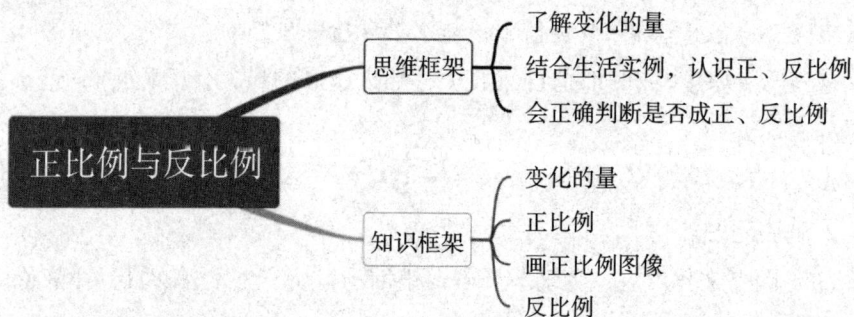

正比例与反比例

思维框架
- 了解变化的量
- 结合生活实例，认识正、反比例
- 会正确判断是否成正、反比例

知识框架
- 变化的量
- 正比例
- 画正比例图像
- 反比例

学习素养作业类型：

◆ **基础素养作业（必做）**

我会说：结合生活实例判断两个量是否成正比例或反比例，并用数学语言说出判断的理由。

设计意图：通过用数学语言表达经历正反比例意义建构的过程，提高学生归纳概括的能力。

◆ 能力素养作业（必做）

1. 用数学的眼光分析成语"立竿见影"是应用了北师大版小学数学六年级下册所学的（　　）知识；如在相同的时间、相同的地点，竹竿的高度与影长成（　　）关系。

2. 某运输队为灾区捐赠100吨医用和生活物资，如果要一次把所有救灾物资全部运出，车辆的载质量与所需车辆的数量如下表。

载质量/吨	2.5	4	5	10
数量/辆	40	25		

（1）请把表格填写完整。

（2）车辆的载质量和所需车辆的数量成什么比例？请说明理由。

设计意图：旨在让学生感受到数学知识与生活的密切联系，体验到数学的价值和实用性。

◆ 综合创新素养作业（选做）

我会画：和同伴或者独立设计以正、反比例为主题的思维导图。

设计意图：引导学生从生活现象中抽象出正、反比例的过程。

学习素养作业展示：

分数乘法

惠州市惠阳区秋长中心小学　叶　宇

学习素养作业信息：

学段	小学	教材版本	北师大版
学科	数学	单元名称	分数乘法
年级	五年级	任务主题	分数乘法的运用
学期	第二学期	布置时机	学习完"分数乘法"之后

知识网络体系：

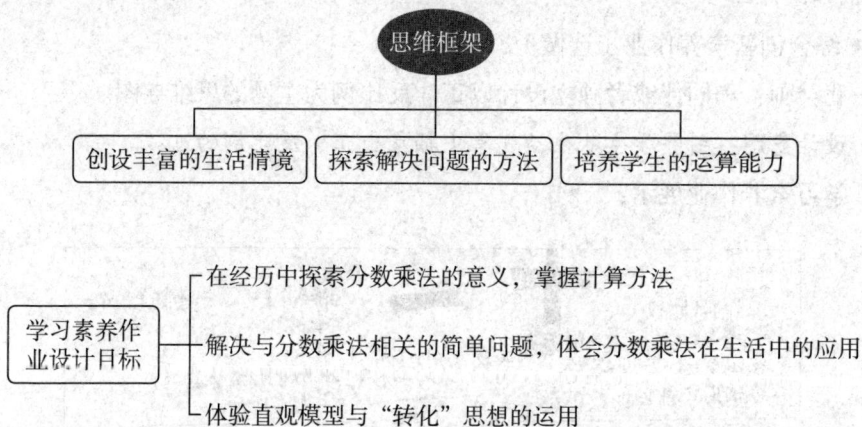

思维框架

┌──────────────┬──────────────┬──────────────┐
创设丰富的生活情境 │ 探索解决问题的方法 │ 培养学生的运算能力

学习素养作业设计目标
— 在经历中探索分数乘法的意义，掌握计算方法
— 解决与分数乘法相关的简单问题，体会分数乘法在生活中的应用
— 体验直观模型与"转化"思想的运用

学习素养作业类型：

◆ **基础素养作业（必做）**

涂一涂，算一算。5的 $\frac{1}{3}$ 是多少？

设计意图：借助直观图形模具让学生更好地理解分数乘法的意义，进而巩

固和掌握分数乘法的基本方法。

◆ 能力素养作业（必做）

我国提出共建"一带一路"倡议，旨在传承丝绸之路精神，携手打造开放合作平台，为各国合作发展提供新动力。古丝绸之路骆驼是最重要的交通工具，一头骆驼的体重约是450千克，驼峰储存的脂肪占体重的 $\frac{1}{5}$，这头骆驼的驼峰储存的脂肪有多少千克？

设计意图：拓宽学生的视野，在时政内容中分析数学问题，解决数学问题。

◆ 综合创新素养作业（选做）

我会画：和同伴或者独立设计以分数乘法为主题的思维导图。

设计意图：引导学生发挥想象，以分数乘法为主题创设思维导图，整理知识的同时培养学生的创新能力。

学习素养作业展示：

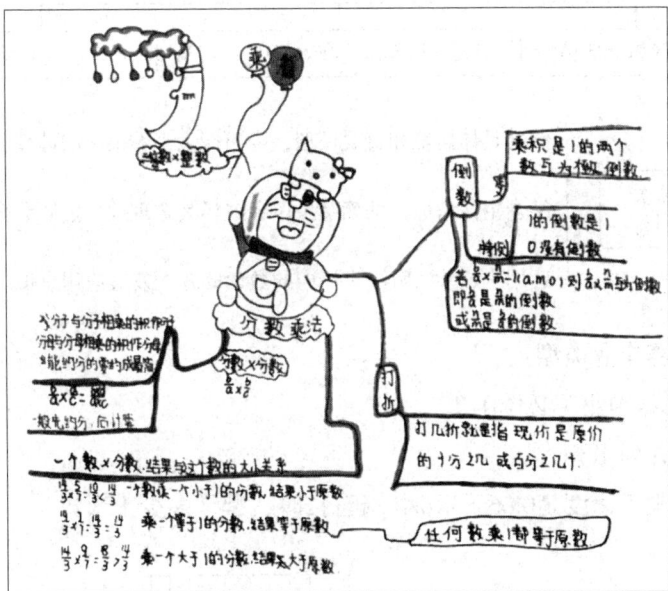

小数乘法

惠州市惠阳区秋长中心小学 叶 宇

学习素养作业信息：

学段	小学	教材版本	北师大版
学科	数学	单元名称	小数乘法
年级	四年级	任务主题	小数乘法的知识
学期	第二学期	布置时机	学习完"小数乘法"之后

知识网络体系：

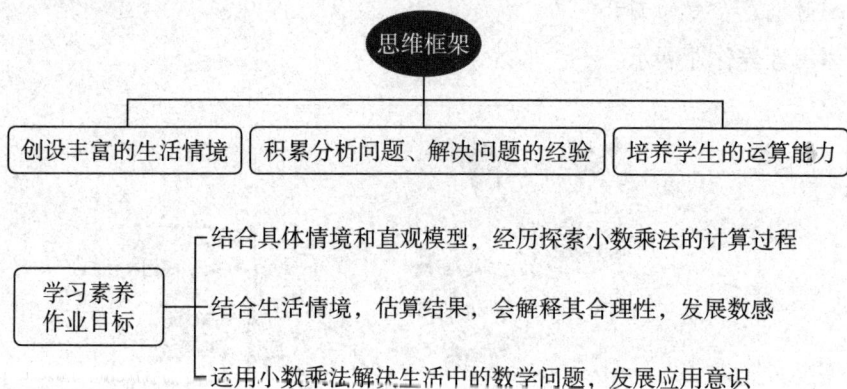

学习素养作业类型：

◆ 基础素养作业（必做）

涂一涂并列出算式。

乌龟的爬行速度是0.06千米/时，爬行2时，爬了多少千米？

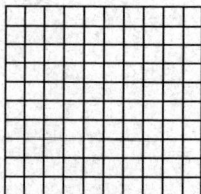

0.06千米/时

设计意图：联系生活实际探索小数乘法的意义，并通过画图直观感受小数乘法的计算过程。

◆ 能力素养作业（必做）

广东早茶是广东民间饮食风俗，一般都是全家老小围坐一桌，共享天伦之乐。周末淘气打包了2份水晶虾饺和4份酱皇凤爪（不计打包费），淘气一共花了多少元?

> 水晶虾饺：18.95元
> 酱皇凤爪：13.95元

设计意图：联系生活实际解决生活问题的同时渗透人文素养教育。

◆ 综合创新素养作业（选做）

我会画：和同伴或者独立设计以小数乘法为主题的思维导图。

设计意图：引导学生通过思维导图梳理知识点，复习本课所学。

学习素养作业展示：（略）

运算律

惠州市惠阳区秋长中心小学　叶 宇

学习素养作业信息：

学段	小学	教材版本	北师大版
学科	数学	单元名称	运算律
年级	四年级	任务主题	运算律的知识
学期	第一学期	布置时机	学习"运算律"单元内容后

知识网络体系：

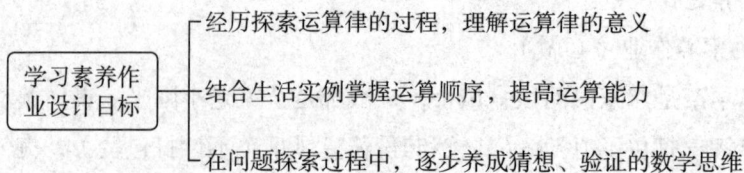

学习素养作业设计目标
├─ 经历探索运算律的过程，理解运算律的意义
├─ 结合生活实例掌握运算顺序，提高运算能力
└─ 在问题探索过程中，逐步养成猜想、验证的数学思维

学习素养作业类型：

◆ **基础素养作业（必做）**

夏季南方多地洪涝及地质灾害频发，全国各地纷纷伸出援手，共同抗灾，以下是阳光小区收到的捐赠物资的清单。请你算出消毒液、矿泉水的总价。

物资	消毒液	矿泉水
数量/箱	20	20
单价/元	10	18
总价/元		

设计意图：联系社会时事，不仅能感受到数学知识的实用性，而且渗透一方有难，八方支援教育。

◆ **能力素养作业（必做）**

| 冰墩墩徽章20元 | 冬奥明信片5元 |

1. 2022年冬奥会在北京举行，笑笑想给班上的同学每人买一个冰墩墩徽章，班上一共有6组，每组5人，笑笑一共要付多少元？

2. 请你根据以上数学信息提出一个数学问题，并解答。

设计意图：训练学生提出问题、解决问题的能力，并渗透民族自豪感教育。

◆ **综合创新素养作业（选做）**

我会画：和同伴或者独立设计以运算律为主题的思维导图。

设计意图：引导学生发挥想象，用运算律创设思维导图，梳理知识点的同时培养学生的创新力。

学习素养作业展示：（略）

倍数与因数

惠州市惠阳区秋长中心小学　叶 宇

学习素养作业信息：

学段	小学	教材版本	北师大版
学科	数学	单元名称	倍数与因数
年级	五年级	任务主题	倍数与因数的知识
学期	第一学期	布置时机	学习"倍数与因数"单元内容后

知识网络体系：

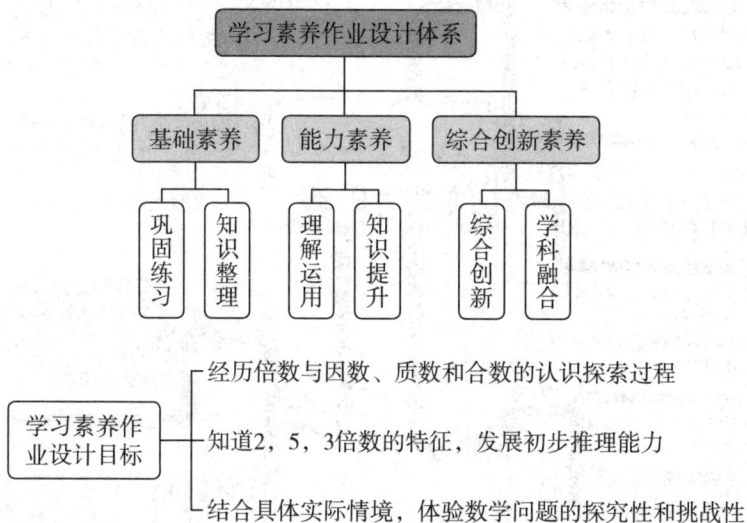

学习素养作业类型：

◆ 基础素养作业（必做）

我会说：跟同伴说一说因数、倍数的特征。

设计意图：梳理因数、倍数特征的同时锻炼学生的表达能力。

◆ 能力素养作业（必做）

数学游戏：拿出写有数字1~10的卡片，摸出几就说出该数字的因数、倍数的关系。

设计意图：在游戏中巩固所学知识。

◆ 综合创新素养作业（选做）

我会画：和同伴或者独立设计以因数、倍数为主题的思维导图。

设计意图：引导学生发挥想象，以因数、倍数为主题创设思维导图，在整理知识点的同时培养学生的创新能力。

学习素养作业展示：

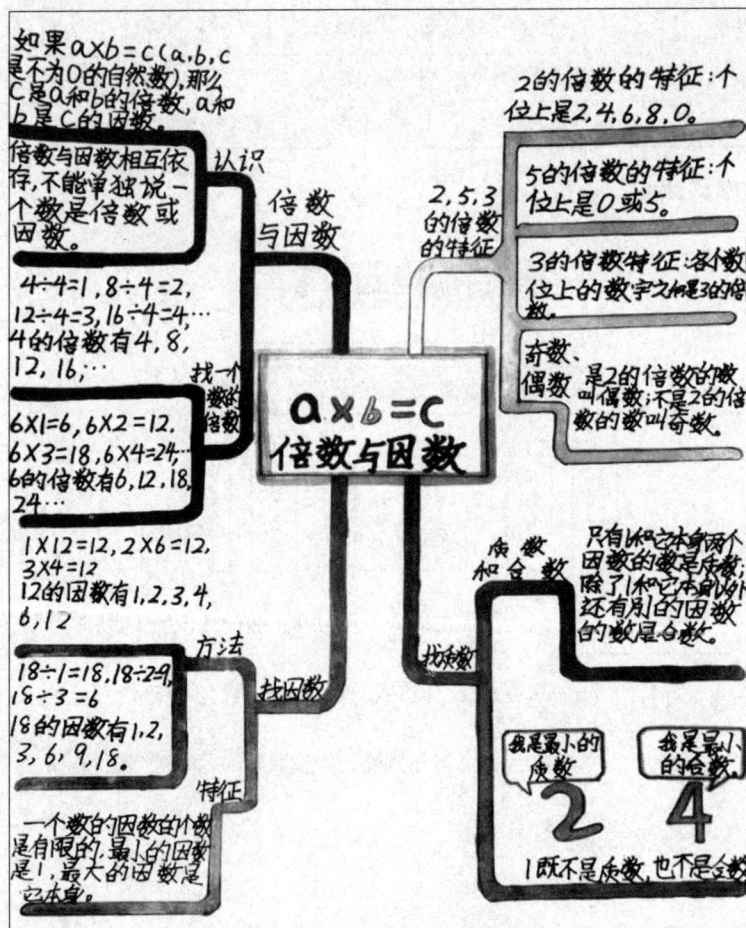

如果 $a×b=c(a,b,c$ 是不为0的自然数)，那么 c 是 a 和 b 的倍数，a 和 b 是 c 的因数。

倍数与因数相互依存，不能单独说一个数是倍数或因数。

$4÷4=1, 8÷4=2, 12÷4=3, 16÷4=4…$
4的倍数有4，8，12，16，…

$6×1=6, 6×2=12, 6×3=18, 6×4=24…$
6的倍数有6，12，18，24…

$1×12=12, 2×6=12, 3×4=12$
12的因数有1，2，3，4，6，12

$18÷1=18, 18÷2=9, 18÷3=6$
18的因数有1，2，3，6，9，18。

一个数的因数的个数是有限的，最小的因数是1，最大的因数是它本身。

认识

倍数与因数

找一个数的倍数

方法

找因数

特征

a×b=c 倍数与因数

2，5，3 的倍数的特征

2的倍数的特征：个位上是2，4，6，8，0。

5的倍数的特征：个位上是0或5。

3的倍数特征：各个数位上的数字之和是3的倍数。

奇数、偶数 是2的倍数的叫偶数；不是2的倍数的数叫奇数。

质数和合数

找质数

只有1和它本身两个因数的数是质数；除了1和它本身以外还有别的因数的数是合数。

我是最小的质数 **2**　　我是最小的合数 **4**

1既不是质数，也不是合数。

百分数

惠州市惠阳区秋长中心小学　叶　宇

学习素养作业信息：

学段	小学	教材版本	北师大版
学科	数学	单元名称	百分数
年级	六年级	任务主题	百分数的知识
学期	第一学期	布置时机	学习"百分数"单元内容后

知识网络体系：

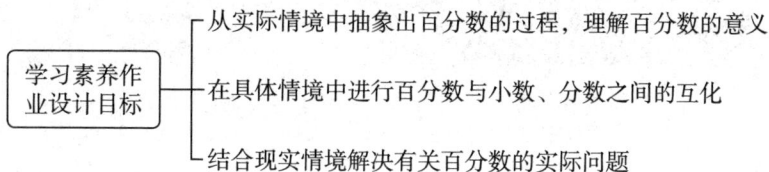

学习素养作业设计目标 ┬ 从实际情境中抽象出百分数的过程，理解百分数的意义

├ 在具体情境中进行百分数与小数、分数之间的互化

└ 结合现实情境解决有关百分数的实际问题

学习素养作业类型：

◆ 基础素养作业（必做）

我会说：跟同伴说一说百分数、小数、分数之间的关系，能够举例说明它们之间的转化。

设计意图：引导学生体会学习百分数的必要性，启发学生探究百分数、小数、分数互化的方法。

◆ 能力素养作业（必做）

"直播带货"成为近年来的热点话题，一家农产品店11月份赣橙的销售额是28万元，其中75%是为家乡代言活动的"直播带货"所得，这家农产品店"直播带货"赣橙的销售额是多少万元？

设计意图：结合生活中的热门话题让学生感受百分数在生活中的实际应用。

◆ 综合创新素养作业（选做）

我会画：和同伴或者独立设计以百分数为主题的思维导图。

设计意图：引导学生发挥想象，以百分数为主题创设思维导图，在整理知识点的同时培养学生的创新能力。

学习素养作业展示：

图形与几何

探索与发现：三角形边的关系

大亚湾西区第一小学　黄 媛

教材来源： 小学数学北师大版教材。

知识内容： 四年级数学下册"探索与发现：三角形边的关系"。

布置时机： 学习北师大版四年级数学下册教材第28页之后。

作业目标：

1. 能够理解通过三角形三边关系的探索过程，知道三角形任意两边的和大于第三边，任意两边的差小于第三边。

2. 能够利用三角形边的关系，判断三条长度已知的线段能否围成三角形。

3. 能够运用三角形边的关系解决一些简单的实际问题。

作业设计：

嗨！小朋友们，听说你们要一起来探索三角形边的关系，太棒了！这可是数学中非常有趣的一个话题哦！请听我先讲一个有趣的数学故事，来描述三角形边的关系吧：

很久很久以前的一个小村庄有三只蜜蜂，它们的名字分别叫作阿边、贝边和西边。它们都非常聪明，喜欢寻找新鲜花朵采集花蜜。有一天，它们来到了一片美丽的花园里。在花园中央，有一朵鲜艳的小花。这时，阿边、贝边和西边决定用自己的方法去观察这朵小花的位置，然后将观察结果相互分享。阿边站在小花的左侧，贝边站在小花的右侧，而西边则站在小花的正前方。它们每个人都记录下了自己与小花之间的距离。接下来，它们聚在一起，分享自己的观察结果。阿边告诉大家，她与小花的距离是a；贝边说她与小花的距离是b；

西边则说他与小花的距离是c。大家纷纷投入了讨论，发现了一些有趣的规律：

首先，他们发现只有当$a+b>c$、$b+c>a$、$a+c>b$这三个条件全部成立时，它们所观察到的距离关系才能构成一个合法的三角形。否则，就会出现问题，无法形成一个真正的三角形。

接着，它们发现如果$a=b=c$，那么它们所观察到的距离关系就构成一个等边三角形。这个等边三角形就好像三只蜜蜂手牵着手，永远在一起，形成了一种特殊的和谐。

随后，它们注意到了直角三角形的特殊性。西边告诉大家，如果它们所观察到的距离关系满足勾股定理，也就是$a^2+b^2=c^2$，那么它们构成的三角形就是一个直角三角形。这个定理真是太神奇了！通过这个有趣的数学故事，我们可以深入理解三角形边的关系。无论是合法的三角形条件，还是等边三角形、直角三角形的特殊情况，都展现了数学的美妙与奇迹。

希望这个故事能够让你们更好地理解和记住三角形边的关系，也激发你们对数学的兴趣与探索欲望！加油！

◆ 基础性作业（必做）

1. 填一填。

（1）三角形任意两边的和（　　）第三边，任意两边的差（　　）第三边。

（2）如果用a，b，c分别表示一个三角形的三条边，那么三条边的大小关系是（　　）

2. 判一判。

在能围成三角形的几组线段后面打√

1 cm　2 cm　3 cm（　　）

9 cm　9 cm　9 cm（　　）

7.5 cm　4.5 cm　3 cm（　　）

3. 选一选（将正确答案的序号填在括号里）。

（1）三条线段的长度分别是3厘米、7厘米、4厘米，这三条线段（　　）。

A. 不能围成三角形　　　　　　　B. 能围成三角形

C. 无法确定

（2）一个三角形的两条边长分别是5厘米和9厘米，第三条边的长不可能是（　　）厘米。

A. 6 　　　　　　 B. 7 　　　　　　 C. 4

（3）已知等腰三角形的第一条边长为3厘米，第二条边长为7厘米，第三条边长可能是（　　）厘米。

A. 3 　　　　　　 B. 7 　　　　　　 C. 8

设计意图：本节课的重点是理解三角形边的关系。学生将通过填写三角形边的关系的文字表达式和字母表达式，进一步梳理和巩固知识点。这个任务需要考虑较全面的知识点，因为学生容易忽略可能的不同组合情况。

◆ 拓展性作业：

答一答（选做）

（1）如果三角形的两条边长分别是7厘米和8厘米，那么第三条边长可能是多少厘米？（取整厘米数）

（2）如果三角形的两条边的长分别是7厘米和11厘米，第三边最短是多少厘米？最长是多少厘米？（取整厘米数）

（3）在一个等腰三角形中，有两条边的长度分别是6厘米和13厘米，这个三角形的周长是多少厘米？

（4）在一个等腰三角形中，有两条边的长度分别是7厘米和13厘米，这个三角形的周长是多少厘米？

设计意图：本课的难点是判断三条线段能否围成三角形的知识运用，学生需要把较短的两条线段长度相加，再与最长的线段的长度比较。

组合图形的面积

大亚湾西区第一小学　黄　媛

教材来源： 小学数学北师大版教材。

知识内容： 五年级上册"组合图形的面积"。

布置时机： 学习北师大版五年级数学上册教材第89页之后。

作业目标：

1. 通过观察和交流，理解组合图形的含义。

2. 通过动手操作、探索交流，把组合图形分解成已学过的平面图形并计算出它的面积。

3. 能运用所学的知识，解决生活中有关组合图形面积的实际问题，并能用自己的语言阐述思考过程；提高解决问题的能力；体会数学与生活的密切联系。

作业设计：

嘿！小朋友们，听说你们要去广东省惠州市博罗县的罗浮山玩耍，太棒啦！

罗浮山不仅是国家级风景名胜区，还是国家AAAAA级旅游景区呢！它可是有超过214.82平方千米那么大哦！在罗浮山上，还有一个特别高的山峰叫作飞云顶，它达到了1296米的海拔高度！简直就像能够触摸天上云朵一样高哦！当你们站在山顶上，一定能看到美丽壮观的景色，让人心旷神怡！这座山被称为"岭南第一山"，在这里，你们可以感受到道教、佛教和儒教的文化融合，而且它也是百粤群山的祖先，岭南道教文化的发源地哦！真是一个超级有趣的地方呢！周末，当你们和淘气、笑笑一起来到这个美丽的山区时，会发现很多与"组合图形的面积"有关的数学问题！简直就像是进入了一个令人兴奋的数学乐园一样！是不是觉得很有趣呢？现在，我邀请你们一起来探索这些与组合图形的面积有关的数学问题！相信自己，用大脑思考，你们肯定能够成功应对挑战的！加油，小数学家们！

◆ **基础性作业（必做）**

第一关：罗浮山景区门口有一块指示牌的正面需要重新刷漆，可以怎样计算这个组合图形的面积？维修工人需要刷多大面积的油漆呢？

可以在图里画一画、分一分、算一算。

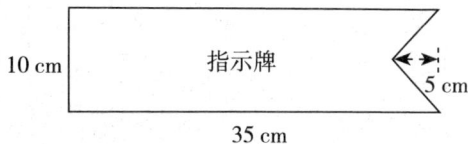

10 cm

指示牌

5 cm

35 cm

_____的面积○_____的面积=组合图形的面积

算一算：

设计意图：通过以本地景区介绍为情境，给学生带来新鲜感，引发他们对题目的兴趣。采用闯关游戏的形式有助于消除学生对数学作业的消极态度，最大限度提高他们的学习兴趣和作业质量。通过生活实例，让学生判断可以由哪些图形组合而成。运用转化思想，将图形转化为已学过的图形来解决问题，巩固对图形面积计算的理解。

第二关：走到罗浮山景区内，淘气和笑笑看到装修师傅正在给儿童游乐区铺上地砖（儿童游乐区平面图如下），至少要多少平方米的地砖才够呢？

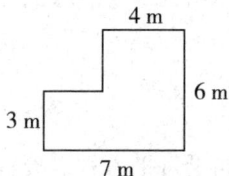

4 m

6 m

3 m

7 m

计算组合图形面积时，我们常采用"分割"或"添补"等方法，转化成我们学过的图形进行计算。

（1）请在图中画出辅助线并填空。

4 m

6 m

3 m

7 m

可以采用"分割"的方法。把图形分割成（   ）形和（   ）形。

4 m

6 m

3 m

7 m

可以采用"添补"的方法。补上一个（   ）形，把图形变成一个（   ）形。

（2）还可以怎样计算儿童游乐区的面积，画出示意图并计算。

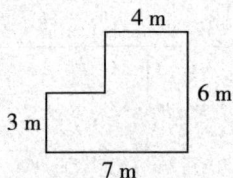

设计意图：通过基于生活情境的教学，旨在让学生意识到在计算组合图形面积时可以采用分割、添补等方法。通过观察、分析和操作等活动，学生将能够分析问题，并通过多样化的解决方法发展他们的量感。这样设计的目的是帮助学生在解决数学问题时灵活运用各种方法，培养他们的问题解决能力。

◆ 拓展性作业（选做）

第三关：淘气和笑笑想美化通往飞云顶其中一侧的阶梯，用颜料给阶梯涂上漂亮的图画。他们量得一级台阶的长为600 cm、宽为5 dm、高为25 cm。

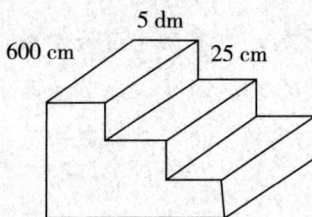

请你帮他们算一算：

（1）涂一级台阶的表面，面积是多少平方米？

（2）淘气和笑笑数到一侧阶梯共有268级，如果每平方米需要涂2.4 kg的颜料，共需要多少千克的颜料？

（3）经过市场调查，淘气和笑笑发现一般颜料每桶是50 kg，把一侧阶梯都涂上图案需要几桶颜料？

恭喜你闯关成功，周末可以和家人一起到罗浮山景区游玩，感受大自然的美妙！

设计意图：我们按难易程度设计了分层练习，帮助学生提升思维和实践能力，培养创新意识。综合了简单图形面积计算、面积单位换算、组合图形面积计算、小数的乘除法和进一法等知识进行考查和应用，以促进学生的综合素质发展。同时，训练还提供了转化思维，加强几何空间观念和运算能力的培养。

圆柱与圆锥

大亚湾西区第一小学　黄　媛

教材来源：小学数学北师大版教材。

知识内容：六年级数学下册"圆柱与圆锥"。

布置时机：学习北师大版六年级下册教材第12页之后。

作业目标：

1. 知道圆柱与圆锥的特征，掌握圆柱的侧面积、表面积、体积以及圆锥的体积公式，并能借助公式解决有关的实际问题。

2. 动手参与体会圆柱展开图与平面图形的联系，渗透学生"类比"数学思想，发展学生的空间观念。

3. 帮助学生积累数学活动经验，体验数学来源于生活又应用于生活，享受学习数学的快乐。

作业设计：

嗨！小朋友们，今天我们来谈谈圆柱和圆锥！你知道吗，这两个几何形状在我们生活中很常见哦！

想象一下，圆柱就像是一个长长的饮料杯，或者是一个装满美味冰激凌的纸杯。而圆锥，就像是一个蛋筒冰激凌，底部尖尖的，上半部分是一个圆形。

通过学习圆柱和圆锥，我们不仅可以了解它们在数学中的概念，还可以发现它们应用在生活中的许多场景！比如，当我们要倒水进饮料杯时，就可以通过理解圆柱的形状来选择合适的杯子。或者，当我们吃冰激凌时，注意一下蛋筒的形状以免蛋筒倒翻啦!

你们知道吗,数学并不仅仅停留在课本上,它离不开我们的日常生活。通过体验数学在生活中的应用,我们可以更好地享受学习数学的快乐!

所以,小朋友们,让我们一起探索圆柱和圆锥的有趣之处吧!用想象力打开大门,将数学与生活联系起来。相信我,你们会发现数学在我们生活中的美妙和实用性。让我们一同享受学习数学的快乐吧!加油哦,小数学家们!

◆ 基础性作业(必做)

1. 圆柱形的侧面展开图不可能得到( )。

A. 长方形　　　　B. 正方形　　　　C. 三角形　　　　D. 平行四边形

2. 一个圆锥形沙堆的底面积是100 dm²,高是30 dm,这个沙堆的体积是( )。

A. 130 dm³　　　B. 3000 dm³　　　C. 70 dm³　　　D. 1000 dm³

3. 等底等高的圆柱和圆锥体积之和是48,那么圆柱的体积是( ),圆锥的体积是( )。

A. 48　　　　　B. 16　　　　　C. 12　　　　　D. 36

设计意图:掌握立体图形与平面图形的联系,从面到体,从体到面,让学生通过动手以及联想了解圆柱侧面展开图的形状。第3题考查等底等高的圆柱和圆锥体积之间的关系。

◆ 拓展性作业(必做)

1. 压路机的滚筒是一个圆柱,它的底面半径是0.5米,长25米,压路机滚筒滚一周能压多大面积的路面?

2. 小芳给爷爷买了一个生日蛋糕(如图)。捆扎这个蛋糕盒至少需要多长的彩带?(打结处大约用20 cm彩带)

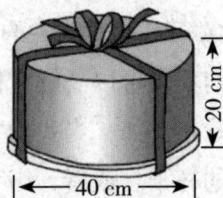

3. 木料加工厂新运来两根完全相同的高1米的圆柱形木料，将第一根木料切成两个完全相同的圆柱，表面积比原来增加1.57平方米，求这根木料的体积是多少。

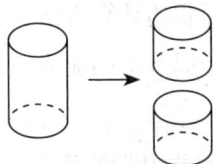

将第二根木料沿直径纵切成两个完全相同的半圆柱，再将所有表面都涂上油漆，这时涂漆比原来增加多少平方厘米？

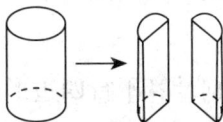

设计意图： 拓展性作业综合考查圆柱截面、侧面积和表面积以及体积的知识，第2题根据五年级学过的棱长之和知识类比到蛋糕的4条直径和4条高之和，这些知识联结能力考查侧重空间想象能力、推理能力、操作能力，最终指向空间观念这一核心素养。

◆ 实践性作业（选做）

根据所学的知识，把圆柱和圆锥的知识用思维导图的方式制作一张手抄报。

设计意图： 实践作业可以大大提高同学们的积极性，主动探索知识，学有余力的同学把圆柱与圆锥知识点整理归类可以让同学们体验学有所成的成就和喜悦。

探索活动：平行四边形的面积

大亚湾西区第一小学 黄 媛

教材来源： 小学数学北师大版教材。

知识内容： 五年级数学上册"探索活动：平行四边形的面积"。

布置时机：学习北师大版五年级数学上册教材第53页之后。

作业目标：

1. 理解平行四边形面积公式的推导全过程，提高作业质量。

2. 理解和掌握平行四边形面积的计算方法，并能正确计算。

3. 体会转化的思想，进一步提升运用能力。

作业设计：

嗨！亲爱的小朋友们，今天我要带给你们一个超级有趣的探索活动，让我们一起来发现平行四边形的面积之谜吧！

首先，我们来仔细观察一下平行四边形的形状。它就像是两条铁路平行地延伸，而且各边长度也是相等的。真是酷毙了！就像两辆小火车并排行驶，非常自由和快乐！

现在，让我们探索一下如何计算平行四边形的面积吧！这其实非常简单，只需要把底边的长度乘高度就可以啦！当你们做作业时，可以用彩色纸、五彩斑斓的铅笔和神奇的尺子，画出不同形状的平行四边形。然后测量底边和高度，计算出它们的面积。

记住，数学不仅是有趣的，还可以在我们的生活中发挥重要作用哦！通过参与这个探索活动，你们将会发现数学不仅存在于课本中，还融入了我们的日常生活。同时，享受学习数学的快乐吧！相信自己，你们一定能够轻松地掌握平行四边形的面积计算。加油，小数学家们！我会在一旁为你们加油助威哦！

◆ 基础性作业（必做）

1. 看图填空。

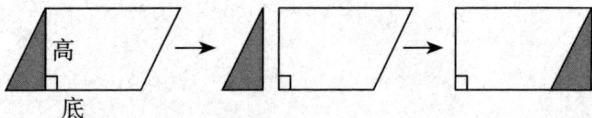

根据分割、平移可知，拼成的长方形的面积（　　）原来平行四边形的面积。拼成的长方形的长相当于平行四边形的（　　），长方形的宽等于平行四边形的（　　），因为长方形的面积等于长乘宽，所以平行四边形的面积等于（　　）。用字母表示：$S=$（　　）。

设计意图：回顾平行四边形的推导过程，进一步理解平行四边形的面积计算公式。

2. 判断题。

（1）平行四边形的面积等于长方形的面积。（　　）

（2）一个平行四边形的底是5分米，高是20厘米，面积是100平方分米。

（　　）

设计意图：考查学生平行四边形的性质、概念知识点的理解，在易错题中将基础知识打牢固。

3. 解决问题。

（1）一块平行四边形麦田，底是48.4 m，对应的高是20.5 m。如果每平方米收小麦0.7 kg，这块麦田可以收小麦多少千克？

（2）一块平行四边形草地，底为30米，高是底的一半，这个平行四边形的面积是多少平方米？

设计意图：学生能够运用平行四边形的面积公式，通过相应的条件解决问题，体验数学知识解决问题的成就感，提高数学兴趣。

4. 操作题。

制作一个长方形的框架，拉住两个对角，变成平行四边形，在操作过程中回答问题。

（1）长方形拉成平行四边形，（　　）变了，（　　）不变。

（2）什么时候面积最大？

设计意图：通过实践操作题，探究长方形和平行四边形的关系，体会转化的思想，用手操作，用眼发现，发现什么变了，什么不变，其中关系是什么，进一步培养学生的观察力和数学思维能力，发展空间观念。

◆ 实践性作业（选做）

嗨！小朋友们，想不想成为超厉害的讲解员呢？选一道作业题目，用超酷的微视频来展示给大家吧！每个人都可以观看有趣的视频，还能学到知识，太好玩了！记得用简单易懂的语言和生动的画面，帮助大家更好地理解哦。可以用可爱的道具、卡通角色等来装点你的视频，让大家一起进入知识的海洋。做完后，别忘了和同学们互动回答问题，我们一起成长为学习小能手！相信你们的微视频会让班级里的每个人既开心又充满知识的力量！加油！

设计意图：本题是结合信息技术下的创新题目，锻炼了学生的自我表达能力，加深了学生对知识点的理解能力。

圆锥的体积

大亚湾西区第一小学　黄　媛

教材来源：小学数学北师大版教材。

知识内容：六年级数学下册"圆锥的体积"。

布置时机：学习北师大版六年级数学下册教材第12页之后。

作业目标：

1. 掌握圆锥体积的计算方法和等底等高的圆锥和圆柱体积之间的联系，能根据不同的条件计算圆锥的体积。

2. 通过练习，进一步巩固有关圆锥体积应用题的解题方法，提高学生应用知识解决实际问题的能力。

3. 在练习过程中让学生感受数学知识的实际价值，激发学习数学的兴趣。

作业设计：

嗨！亲爱的小朋友们，今天我们要一起来探索一个有趣的形状，那就是圆锥！

想象一下，圆锥就像是一座漂亮的雪山，下面是一个圆形的底部，然后往上逐渐收紧，最后形成一个尖尖的山顶。是不是很酷呢？

现在，让我们来探索一下圆锥的体积应该怎么计算。听起来有点复杂，但其实非常简单！在开始之前，我们需要知道两个关键的信息：底部圆形的半径（r）和圆锥的高度（h）。

那么，计算圆锥体积的公式是什么呢？别着急，我告诉你们！

圆锥的体积等于 $\dfrac{1}{3}$ 乘底部圆形的面积乘高度。听起来有点拗口，对吧？但别担心，我给你们一个小提示：圆锥体积实际上是与它等底等高的圆柱的三分之一，记住这点是不是就方便多了？

所以，当你们做作业时，可以先测量底部圆形的半径和圆锥的高度，然后使用上面的公式计算出圆锥的体积。记住，数学是一门非常有趣的学科，它能帮助我们理解世界，并让我们做很多有趣的事情。加油哦，小数学家们！

◆ 基础性作业（必做）

注意：细心读题，谨慎填写。

1. 已知一个圆柱的体积是36立方厘米，有一个圆锥与它等底等高，则圆锥的体积是（   ）。

2. 一个圆柱的体积比一个圆锥的体积多24立方厘米，且它们等底等高，则圆锥的体积是（   ），圆柱的体积是（   ）。

3. 一个圆锥的底面半径是2 cm，高也是2 cm，沿着这个圆锥的顶点和高切开，则切面是（   ）三角形。

注意：反复比较，众里挑一（将正确选项填写在括号里）。

4. 两个圆锥的高的比是1∶1，底面半径的比是4∶3，两个圆锥体积的比是（   ）。

A. 4∶3   B. 8∶6   C. 16∶9

5. 圆锥的高和底面周长都扩大为原来的3倍，则圆锥的体积扩大为原来的（   ）倍。

A. 9   B. 18   C. 27

6. 一个圆锥的体积是12立方厘米，底面积是3平方厘米，则圆锥的高是（   ）厘米。

A. 10   B. 12   C. 8

设计意图：掌握圆锥的体积和与它等底等高的圆柱体积之间的关系；将圆锥的体积与其他知识点进行结合设计，提高学生综合应用的能力；考查学生对圆锥体积的计算方法掌握程度，并且考验学生的计算能力。

◆ 拓展性作业（选做）

粮食安全始终是关系我国国民经济发展、社会稳定和国家自立的全局性重大战略问题。小明家秋季收获的稻谷堆成了近似的圆锥形，高1.2米，底面周长是12.56米。

（1）这堆稻谷的体积是多少立方米？

（2）如果每立方米稻谷重650千克，这堆稻谷重多少千克？

（3）小明家有0.25公顷稻田，平均每公顷产稻谷多少千克？

（4）如果每千克稻谷售价3.6元，这些稻谷能卖多少钱？

设计意图： 本题是圆锥体积计算的实际应用，帮助学生进一步巩固圆锥体积的计算方法，积累一些解决问题的经验，提高解决问题能力，让学生在解决与圆锥相关的实际问题的同时，树立粮食安全意识，养成节约粮食的习惯，同时明白生活中常见的小麦堆、稻谷堆、沙堆都可以近似看成圆锥形，都可以用圆锥的体积公式来计算其体积。

多边形的面积公式推导

惠东县实验小学　王秀莲

教材来源： 小学数学北师大版教材。

知识内容： 五年级数学上册"多边形的面积"。

布置时机： 学习北师大版五年级数学上册教材第60页之后。

作业目标：

1. 理解本单元所学的面积公式，理解计算公式之间的联系，形成知识网络。

2. 灵活运用平行四边形、三角形、梯形的面积公式解决问题。

作业设计：

我们学过哪些平面图形的面积计算公式？是怎样推导的？选一个你喜欢的图形，动手试一试吧！

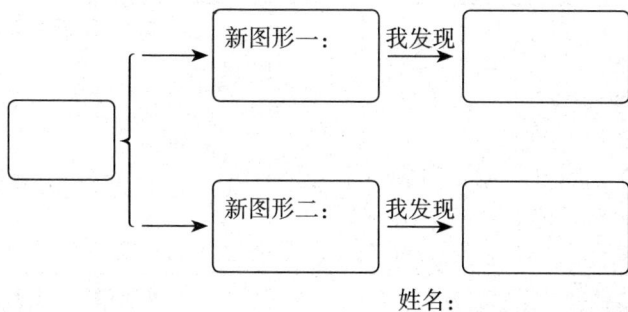

姓名：_____

设计意图： ①让学生回顾梳理本单元知识，能用思维导图清晰地整理单元知识网络，并熟练运用本单元知识解决实际问题。②通过经历单元复习过程，在掌握单元知识的同时，再次感受合作学习的重要性以及转化思想在数学学习中的重要性，培养良好的数学学习兴趣。③进一步掌握并理解平行四边形、三角形和梯形的面积计算公式，能应用公式计算图形的面积，并解决一些简单的实际问题。

案例呈现： （略）

有趣的数学实验

——排水法测量不规则物体体积

惠东县实验小学 王秀莲

教材来源： 小学数学北师大版教材。

知识内容： 五年级数学下册"有趣的测量"。

布置时机： 学习北师大版五年级数学下册教材第47页之后。

作业目标：

1. 探索生活中不规则物体体积的测量方法，通过动手操作，加深对知识的理解。

2. 通过小组合作完成，培养学生的合作意识。

作业设计：

选择一种不规则物体，运用多种方法进行测量。

	实验过程图片展示：
方法一： 我用的盛水容器是（　　　　） 选择的不规则物体是（　　　　） 装水的程度（未装满，装满） 放入物体后完全浸没，且（水面升高，水溢出） 思考：为什么水面会升高或水面会溢出来？ 我测量的物体体积：（计算体积，格式规范）	
方法二： 我用的盛水容器是（　　　　） 选择的不规则物体是（　　　　） 装水的程度（未装满，装满） 放入物体后完全浸没，且（水面升高，水溢出） 思考：为什么水面会升高或水面会溢出来？ 我测量的物体体积：（计算体积，格式规范）	实验过程图片展示：

注意：盛水的用具尽可能选择透明的容器。

实验结论：两种不同的测量方法测得的体积一样吗？如果不一样，差别大吗？如果差别很小，说明实验较为成功，因为存在小的误差是合理的；如果差别很大建议重做。

水未装满且未溢出：$V_{\text{不规则物体}}=$

水装满且溢出：$V_{\text{不规则物体}}=$

利用实验结论解决问题：把50升的水倒入一个从里面量长50厘米、宽40厘米、高60厘米的长方体水缸中，再将一块石头全部浸入水中，这时水面离容器口还有25厘米。这块石头的体积是多少立方分米？

设计意图： ①引导学生体会转化的数学思想。《义务教育数学课程标准（2022年版）》中强调让学生在积极参与教学活动的过程中，通过独立思考、合作交流，逐步感悟数学思想。本课时的主旨是体会转化等体积变形思想在解决问题中的应用，本设计注重引导学生实验后进行反思。让学生认识到求不规则物体的体积，实际上就是通过等体积进行转化，把不规则的物体转化为规则的物体，转化的前提是体积不变。②倡导解决问题策略的多样化。《义务教育数学课程标准（2022年版）》对培养学生解决能力这方面提出了明确的目标，即探究、分析和解决简单问题的有效方法。了解解决问题方法的多样性，求不规则物体体积的方法是多样的。教学时通过让学生观察和实验操作相结合，了解到用排水法可以求不规则物体的体积，在这个过程中不断向学生提出问题。并引导学生进行观察分析，使学生明确不规则物体的体积等于沉入物体后的总体积减去原来没有放入物体时水的体积。帮助学生从感性认识过渡到理性认识，接着引导学生思考，如果没有量杯，只有一个长方体玻璃缸和一些水，你能求出一个梨的体积吗？让学生探究，激发学生的学习兴趣，培养学生自主发现问题、提出问题、解决问题的能力，感受解决问题策略的多样化。

树叶中的比

惠东县实验小学　王秀莲

教材来源：小学教学北师大版教材。

知识内容：六年级数学上册"生活中的比"。

布置时机：学习北师大版六年级数学上册教材第69页之前。

作业目标：

1. 通过具体的材料帮助学生达成对比的概念的真正理解，使学生在丰富的学习背景中逐渐体会比的意义和价值，初步了解比与除法分数之间的关系。

2. 小组合作完成，培养学生的合作意识。

作业设计：

1. 收集树叶，仔细观察，看看有什么发现。

2. 收集你喜欢的树叶贴在空白处，测量每片树叶的长和宽，填入树叶的长与宽及比值表，计算比值（得数保留一位小数）。

编号	长/mm	宽/mm	比值	编号	长/mm	宽/mm	比值
1				6			
2				7			
3				8			
4				9			
5				10			

3. 对比树叶的形状和表中的数据，你有什么发现？

设计意图："比的认识"是学生在已经学过分数的意义以及分数与除法的关系基础上学习的。本单元主要有生活中的比、比的化简、比的应用，重点让学生在具体的情景中理解比的概念，体会比在生活中的应用。对于比的概念，学生较难理解。比的概念是教学中的一个重要概念，体会比的价值和意义是教材内容的核心思想。为密切联系学生已有生活经验和学习经验，本次教学课前设计了"树叶中的比"的直观背景和具体情景，不仅引发学生的讨论和思考，还凸显了对应"比"和转化的数学思想的渗透。并在此基础上抽象出比的概念，使学生体验比的意义，让学生体会到比在生活中的应用，感受比的数学价值。

案例呈现：（略）

统计与概率

《我和123》数学阅读作业设计

惠州市光彩小学　邓丽萍

教材来源：小学数学北师大版教材。

知识内容：一年级数学上册"生活中的数"。

布置时机：学习数的认识内容之后，或寒暑假期间。

作业目标：

1. 让孩子在阅读和完成作业的过程中再次认、读、写数字，巩固对数的认识，加深对数字的认识和理解。用生活中具体形象的事物让数字概念去抽象化。

2. 通过让孩子们阅读数学绘本《我和123》，让孩子学会用数学的眼光观察世界，让孩子感受数学与生活的联系，感受数学的魅力；激发孩子亲近数学、了解数学的兴趣；在读写画的学习中培养孩子学习数学的信心。

作业要求：

阅读数学绘本《我和123》后，和家人一起说说你们生活中有哪些开心的数字、健康的数字、爱的数字、幸福的数字、高兴的数字、忙碌的数字、有趣的数字、美味的数字、紧张的数字、兴奋的数字、未来的数字……或是其他特别的数字。然后写一写、画一画，记录下属于你和123的故事。

设计意图：亲子阅读可以促进亲子关系发展，一方面是时间上的陪伴，另一方面更是思想的碰撞。亲子数学阅读让家长更好地了解孩子的理解程度，也是一种较课堂更轻松、趣味性强的学习形式。所以这项作业旨在将数学从课堂延伸至家庭，联系生活，通过亲子阅读的方式让孩子对数、对数学更有兴趣。

作业展示：

小小整理员

惠州市光彩小学　陈爱萍

教材来源：小学数学北师大版教材。

知识内容：一年级数学下册"一起来分类"。

布置时机：学习完分类方法之后。

作业目标：

1. 让学生清楚分类的标准，培养学生把握事物特征、抽象事物共性的能力。

2. 引导学生运用文字、图画或表格等方式记录分类的结果，培养学生整理数据的能力。

3. 让学生体会不同的分类标准下分类的结果可能是不同的。

作业要求：（以四人小组为单位）

1. 选一选：选择身边的事物，进行分类。

2. 想一想：可以小组为单位制订分类标准，例如：形状、颜色等都可以作为分类的标准。

3. 分一分：根据分类标准，可以分成几类？然后具体操作，分一分。

4. 记一记：尝试运用各种方式收集数据、完成分类，如用文字、图画或表格等方式把结果记录下来。

设计意图：布置学生选择生活中的事物，分类整理，体会生活中的数学，让学生尝试运用各种方式（文字、图画、表格等）呈现小组的调查结果，讲述调查的过程和结论。体验在不同的分类标准下分类的结果可能是不同的。本活动有利于培养学生把握事物特征、抽象事物共性的能力。在这样的教学过程中，要引导学生进行小组内的交流和全班范围内的积极配合，培养协同意识和交往能力。

作业展示：

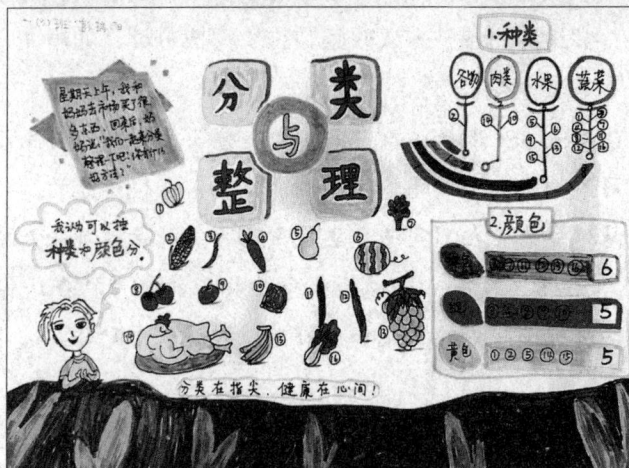

手机摄像头你分得清吗

惠州市光彩小学　黄晓吟

教材来源：小学数学北师大版教材。

知识内容：二年级数学下册"调查与记录"。

布置时机：学习元"调查与记录"之后。

作业目标：

1.通过观察和整理手机摄像头的图片，清楚分类要依据分类标准。

2. 在具体的活动操作中，理解在不同的分类标准下分类的结果可能是不同的，培养学生把握事物的特征、抽象事情共性的能力。

作业要求：

1. 学生利用周末假期时间观察家里人手机背面的摄像头，了解不同手机的摄像头的个数可能不同。

2. 对于一些杂乱的手机摄像头图片，想一想如何进行分类，引导学生讨论分类标准，启发学生遵循有序的思维过程。

3. 根据已经确定的分类标准进行具体操作，完成计数，并以文字或图表等形式呈现结果。

设计意图：本次实践活动，先让学生观察物体的特征，按照一定的标准进行分类，在发现物体的共性特征后制定分类标准，在这一过程中，启发学生有序地思考，先选择一个指标（如形状）作为分类标准，再基于第一次分类的结果思考还可以怎样继续分类，体会还能以手机摄像头的个数为标准进行第二次分类，初步了解分类是有层次的，体会层层递进的思考。

作业展示：

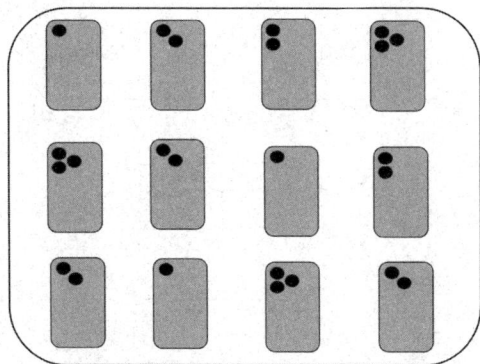

同学们，你们知道手机摄像头的奥秘吗？每种型号的手机背面的摄像头是有所不同的，现在教师收集了部分手机摄像头的照片，请你们观察并将这些照片分一分，想一想：应当如何确定分类标准？根据分类标准，可以把这些照片分成几类？并用文字、图画或表格等方式把结果记录下来。

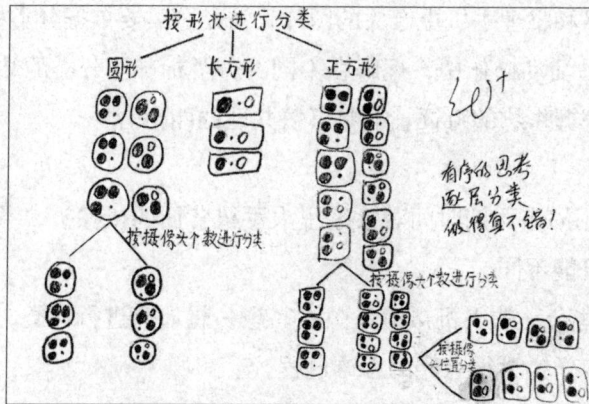

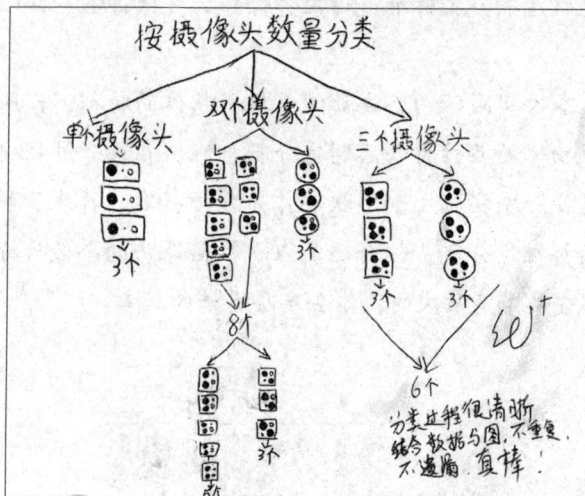

①按图形分类

图形形状	正方形	长方形	圆形
数量	11	3	6

②按摄像头数量分类

摄像头数量			
数量	3	11	6

③按双摄像头种类分类

双摄像头种类			
数量	5	3	3

④按双摄像头位置分类

双摄像头十位置		
数量	5	6

⑤按三摄像头+外框分类

三摄像头+外框分类		
数量	3	3

表格与数据整理相结合让分类更清楚做得好！

小老板进货啦

惠州市光彩小学　黄晓吟

教材来源：小学数学北师大版教材。

知识内容：二年级数学下册"调查与记录"。

布置时机：学习完"调查与记录"之后。

作业目标：

1. 以数学绘本的形式呈现数据的调查与记录的过程。

2. 经历数据调查、收集、整理的过程，会用图表中的数据解决一些比较简单的实际问题。

作业要求：

学生仔细观察日常生活中的现象，想一想生活中哪些是与数据的收集有关的。构思一个数学故事，将调查与记录数据的知识融合在故事中，让学生用自己的方式进行数据的收集与整理。

设计意图：数学知识的学习，并非只有枯燥的数字和复杂的公式。绘本以生动有趣的故事为主线，融入丰富的数学元素，既能呈现调查与记录的过程，又能以故事的趣味性与数学知识学习串联在一起，让学生在阅读中思考、在阅读中成长。

作业展示：

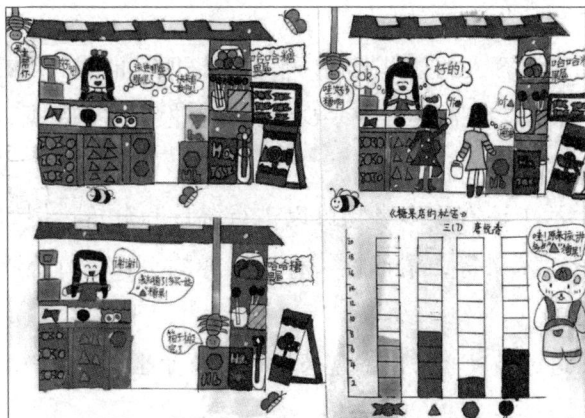

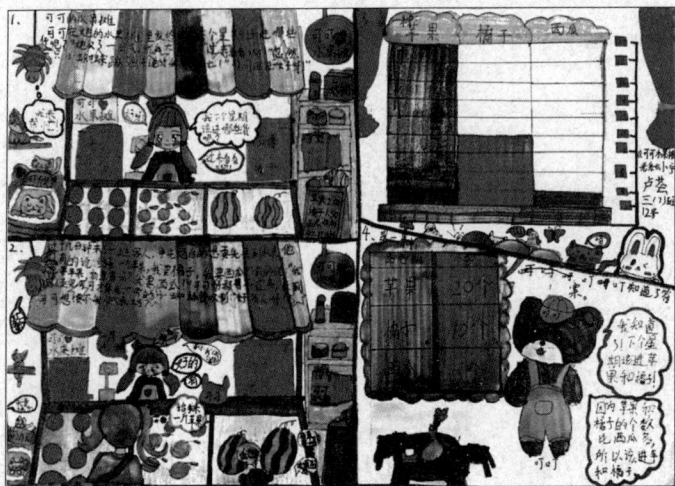

调查数据我在行

惠州市光彩小学　詹国娣

教材来源： 小学数学北师大版教材。

知识内容： 二年级数学下册"最喜爱的水果"。

布置时机： 学习完"调查与记录"之后。

作业目标：

经过具体情境，能依据物体或图形特征，按照一定的标准进行分类，整理出物体的数量，会对统计所得的数据进行分析，形成初步的数据意识。

作业要求：

情境一：周末有客人到家里聚餐，平时一家四口的餐具现在是否足够呢？请你根据客人的数量，还需要准备多少餐具呢？根据这些数据，用统计图表的形式呈现出来。

情境二：生活中还有许多事物可以进行统计和分析，例如天气情况，同学们喜欢的文具、水果等，请你挑一种感兴趣的事物进行统计，并画出统计图表。

设计意图： 通过两种生活中常见的情境，让学生自主选择其一，完成调查与记录，最终以统计图或统计表的形式呈现，例如情境一：客人到家聚餐，作为小主人要提前准备做好招待，先统计家里餐具的数量，再根据来客的数量购置餐具，在这一过程中，让学生先对餐具进行分类统计出数量，再进行整理数据，最终画出简易的统计图。在亲身参与的动手实践活动中感悟分类统计的价值，在画出简易统计图的方式中体会用数学语言表达现实世界，形成初步的数据意识。

作业展示：

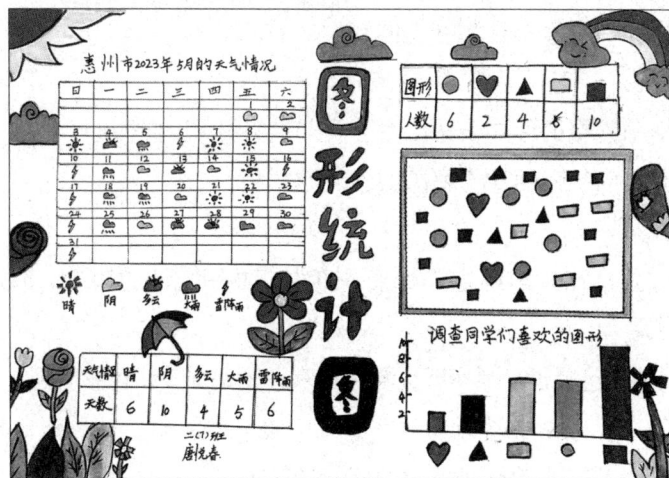

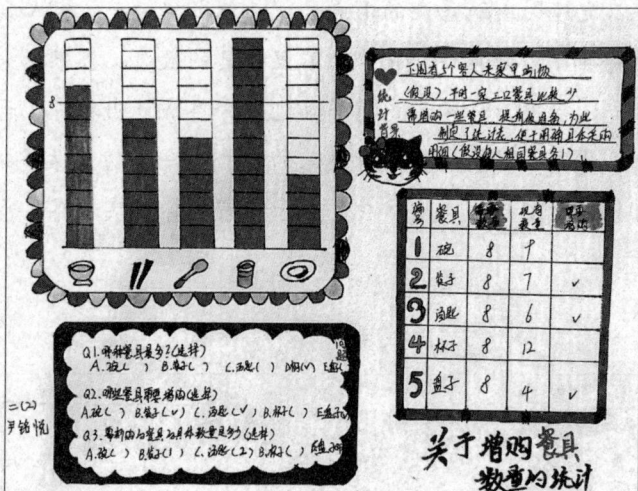

我是小小统计员

惠州市光彩小学　陈月玲

教材来源：小学数学北师大版教材。

知识内容：一至二年级相关分类与统计的知识点。

布置时机：学习完整理与分类的知识之后。

作业目标：

1. 以数学手抄报的形式表达山对分类与统计知识的理解。

2. 会用分类与统计的知识解决实际问题。

作业要求：

1. 从现实生活出发，调查统计某一事物，并用统计的知识，通过手抄报的形式展示。

2. 手抄报的内容贴近生活实际，数据可靠，图文并茂，色彩明艳，字体工整。

设计意图：用形象生动的数学手抄报呈现数学知识，让抽象的数学知识直观化、生活化并更富有趣味性。它巧妙地利用绘画形式作为承载数学知识的媒介，使学生把所学的知识运用到生活中，让学生学会用数学的眼光观察现实世界，用数学思维思考现实世界。

作业展示：

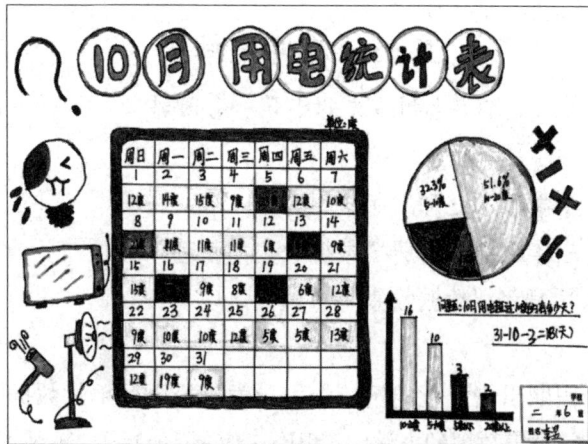

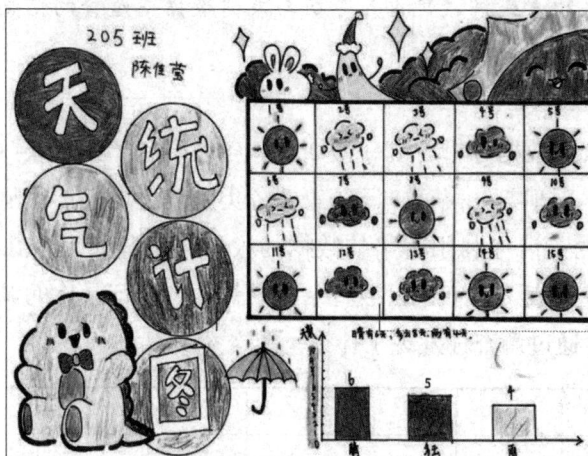

五一你在哪里排队

惠州市光彩小学 詹国娣

教材来源：小学数学北师大版教材。

知识内容：三年级数学下册"数据收集与整理"。

布置时机：学习完"数据收集与整理"之后。

作业目标：

1. 创设五一假期出去游玩的情境，引导学生经历简单的数据收集和整理。

2. 了解简单的收集数据的方法，会用统计表或统计图呈现数据整理的结果。

3. 通过对数据的简单分析，感受数据蕴含的信息，体会运用数据进行表达与交流。

作业要求：

1. 对近期热门话题的信息搜索，调查统计某一景点人流量，并用统计的知识，进行整理和分析。

2. 在班级里小范围的进行调查，从调查的数据中分析班级里的同学们在五一假期会首选去哪里度过假期，理由有哪些？

设计意图：本作业创设五一假期外出游玩"人从众"的情境，让同学们感受到数据之多，引导学生经历简单的数据收集和整理，感悟收集数据的意义和方法，并用合适的方式描述数据，分析与表达数据中蕴含的信息，形成初步的数据意识。

作业展示：

同学们，根据数据分析，五一假期全国各地开启"人从众"的旅游模式，其中景区门票、火车票、民宿、酒店等业务类型同比增长均很显著。你是否也去景区游玩了呢？请你利用所学的数据的收集与整理知识，在班级上开展调查，绘制一份统计表（正字记录或打√记录等），请记录你的调查过程，画出统计图，写一写通过调查你发现了什么，图文并茂。

景点								
人数								

画出统计图：你发现了什么？你能提出什么数学问题并解答？

五一你在哪里排队？   袁意瑞

同学们，根据数据分析，五一假期全国各地开启"人从众"的旅游模式，其中景区门票、火车票、民宿、酒店等业务类型同比增长均很显著。你是否也去了景区游玩呢？请你利用所学的数据的收集与整理，在班级上开展调查，绘制一份统计表，请记录你的调查过程，画出统计图，写一写通过调查你发现了什么，图文并茂。

记录数据（正字记录或打√记录等等）

景点	西湖	金山湖	菱湖	红花湖	千花洲	滨江园		
人数	正正正正一	正正	正	正正	T	T		

画出统计图：

间隔为匀 画得不错！

西湖　金山湖　菱湖　红花洞　杭州　滨江园

你发现了什么？你能提出什么数学问题并解答？

(1) 我发现了去西湖的人多点，去千花洲和滨江公园的人少点。

(2) 去西湖的人比去金山湖的人多多少？

21-10=11(人)

答：多11人。

写完整就更好

五一你在哪里排队？

同学们，根据数据分析，五一假期全国各地开启"人从众"的旅游模式，其中景区门票、火车票、民宿、酒店等业务类型同比增长均很显著。你是否也去了景区游玩呢？请你利用所学的数据的收集与整理，在班级上开展调查，绘制一份统计表，请记录你的调查过程，画出统计图，写一写通过调查你发现了什么，图文并茂。

记录数据（正字记录或打√记录等等）

景点	世界之窗	欢乐谷	广州塔	西湖	红花湖	金山湖		
人数	正正正	正正	正下	正一	正正	正		

画出统计图：

用尺子量着画

世界之窗　欢乐谷　广州塔　西湖　红花湖　金山湖

你发现了什么？你能提出什么数学问题并解答？

答：我发现去世界之窗的人最多，发现去西湖的人最少。

问：世界之窗去的人数比西湖去的人数多多少人？

15-6=9(人)

答：多9人。

我的游戏我来定

惠州市光彩小学　詹国娣

教材来源： 小学数学北师大版教材。

知识内容： 四年级数学下册"生日"。

布置时机： 学习完"数据的表示和分析"之后。

作业目标：

1. 让学生经历制订分类标准、收集和整理数据的过程，了解统计的意义，并会用文字、画图、表格等表示出数据。

2. 通过对身边生活中有关事例的调查，制订游戏规则，激发学生的学习兴趣，培养学生合作意识。

作业要求：

1. 鼓励学生自己制订分类标准，感悟分类标准与数据信息之间的关联，例如按照性别、出生年月、是否戴眼镜、是否穿校服等。

2. 以小组为单位，讨论制订的这些分类标准是否可行，还有哪些需要注意的地方。

3. 例如游戏规则：主持人：大风吹，吹哪里？吹向男生，男生要起来站着挥挥手，最后站起来的人出来继续主持，主持人加入班级里，接着站起来的人继续说"大风吹，吹向……"。

4. 在班级上玩一玩"大风吹"游戏，游戏结束后，根据游戏规则所制订的分类标准，进行收集数据，完成分类。

5. 尝试运用各种方式，如文字、画图、表格等，呈现小组的调查结果，最后画成数学小报的形式。

设计意图： 让学生在活动中经历设计游戏规则，从观察班级学生的特征，制订分类标准，在游戏中感受到分类标准不同，分类的结果也不同，游戏结束后所呈现的数据也不同，让学生感知数据蕴含着信息，为以后统计与概率的学习积累感性经验。

作业展示：

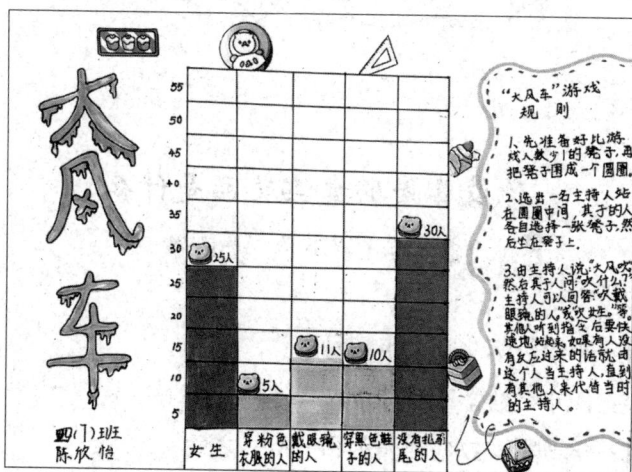

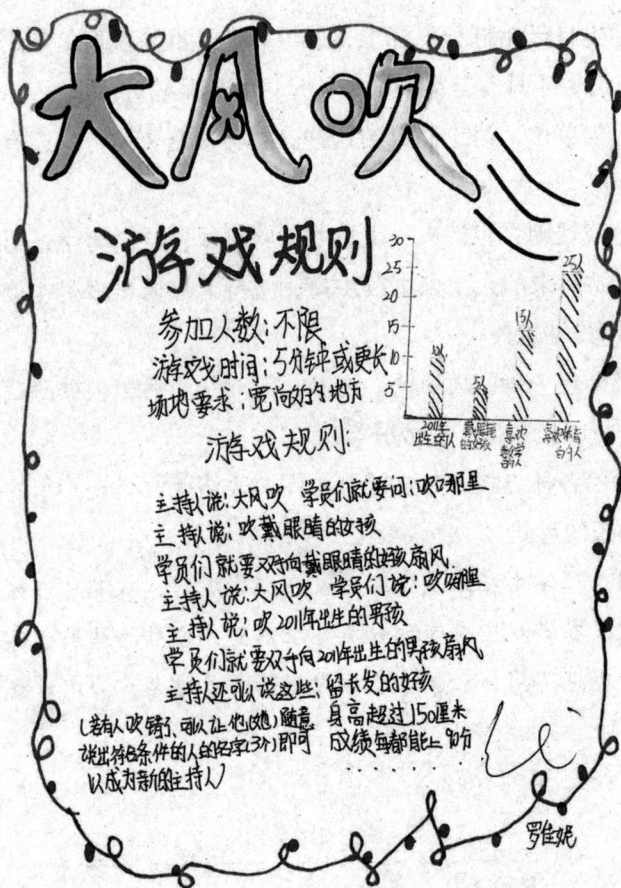

你最喜爱的文具奖品是什么

惠州市光彩小学　詹国娣

教材来源：小学数学北师大版教材。

知识内容：四年级数学下册"生日""栽蒜苗（一）（二）"。

布置时机：学习完"数据的表示和分析"之后。

作业目标：

1. 经历调查班级同学喜欢用的文具的过程，感悟数据调查的方法，知道数据分析对于决策的作用。

2.感知收集数据的方法是多样的，而且数据中蕴含着有价值的信息，利用统计图表现和刻画这些信息。

作业要求：

为了庆祝六一儿童节，制造节日氛围，某班级购买文具赠送给班级同学。全班同学讨论决定购买方案的原则，可以在限定的金额内考虑学生最喜欢用的一种文具或几种文具，或者其他原则，让学生感知制订原则对于调查研究的重要性。

引导学生讨论收集数据的方法，例如举手表决、填写调查表等。

按照讨论后的方法收集数据和整理数据，然后按照决定的原则制订购买文具方案。

设计意图：本作业让学生在班级中调查最喜爱的文具奖品，经历简单的数据收集和整理、分析的过程，了解简单的收集数据的方法，呈现数据整理的结果。通过对数据的分析，感受数学蕴含的信息，运用信息和制订的原则确定购买文具方案，进而培养学生想事情和做事情的严谨性，发展理性精神。

作业展示：

为了庆祝六一，制造节日氛围，我们班级购买文具赠送给全班同学，小组内讨论可以购买的文具类型，限定金额200元内，调查各种文具的单价，制订表格，再全部收集统计同学们最喜爱的文具奖品的数据，最后整理数据，给出购买方案。

商店里文具价格：

文具								
单价								

同学们最喜爱的文具统计表：

文具								
人数								

（1）根据填写的数据，画出同学们最喜爱的文具统计图：

（2）购买文具的方案：

卢梓轩

调查最喜爱的文具奖品

为了庆祝六一，制造节日氛围，我们班级购买文具赠送给全班同学，小组内讨论可以购买的文具类型，限定金额200元内，调查各种文具的单价，制订表格，再全部收集统计同学们最喜爱的文具奖品的数据，最后整理数据，给出购买方案。

文具	2B铅笔	中性笔	圆珠笔	套尺	圆规	橡皮	草稿本	红笔	笔记本	文体袋
单价	3元	2元	2元	3元	10元	1元	10元	3元	10元	15元

同学们最喜爱的文具统计表

文具	2B铅笔	中性笔	圆珠笔	套尺	圆规	橡皮	草稿本	红笔	笔记本
人数	10人	16人	14人	20人	5人	25人	5人	20人	15人

免写两种文具的人数

同学们最喜爱的文具统计图

统计图间隔等画得不错！

购买文具的方案：

卢佳琪

调查最喜爱的文具奖品

为了庆祝六一，制造节日氛围，我们班级购买文具赠送给全班同学，小组内讨论可以购买的文具类型，限定金额200元内，调查各种文具的单价，制订表格，再全部收集统计同学们最喜爱的文具奖品的数据，最后整理数据，给出购买方案。

文具	铅笔	橡皮	文具盒	涂改带	黑笔	尺子	红笔
单价	1.5元/支	2元/块	15元/个	12元/个	3元/3	3元/把	2元/支

同学们最喜爱的文具统计表

文具	铅笔	文具盒	橡皮	涂改带	尺子	黑笔	红笔
人数	8人	10人	5人	3人	12人	3人	2人

同学们最喜爱的文具统计图

间隔有些大小不一

购买文具的方案：

1、采购内容：橡皮、尺子、铅笔、文具盒

2、采购标准：笔芯流畅，质量好，手感佳，不超过2元。

3、采购数量：
    橡皮10块、铅笔5支、文具盒5盒、尺子10把

两个方案具体好细！

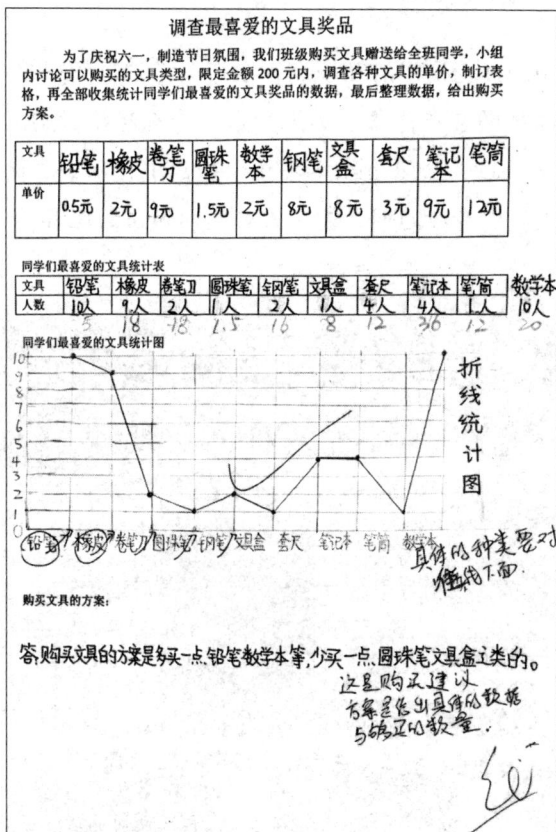

调查最喜爱的文具奖品

为了庆祝六一，制造节日氛围，我们班级购买文具赠送给全班同学，小组内讨论可以购买的文具类型，限定金额 200 元内，调查各种文具的单价，制订表格，再全部收集统计同学们最喜爱的文具奖品的数据，最后整理数据，给出购买方案。

文具	铅笔	橡皮	卷笔刀	圆珠笔	数学本	钢笔	文具盒	套尺	笔记本	笔筒
单价	0.5元	2元	9元	1.5元	2元	8元	8元	3元	9元	12元

同学们最喜爱的文具统计表

文具	铅笔	橡皮	卷笔刀	圆珠笔	钢笔	文具盒	套尺	笔记本	笔筒	数学本
人数	10人	9人	2人	1人	2人	1人	4人	4人	1人	10人

同学们最喜爱的文具统计图

折线统计图

购买文具的方案：

答购买文具的方案是多买一点铅笔数学本等，少买一点圆珠笔文具盒这类的。

数学小编辑

惠州市光彩小学　詹国娣

教材来源：小学数学北师大版教材。

知识内容：三至五年级有关统计与概率的知识。

布置时机：学完五年级上册有关统计与概率的知识点之后。

作业目标：

1. 根据对统计与概率的知识积累和生活经验，通过手绘数学小报的形式，激发学生创作的兴趣。

2. 在动手实际创作中，提升学生整理总结能力，培养学生数学核心素养。

作业要求：

结合教材当中统计与概率的知识点，创作一份独特的手绘小报。

设计意图：绘画的直观想象，加上数学的严谨思维，构成了一幅幅想象丰富出彩的数学手绘小报，让学生在学习数学知识中，以小主编的形式创作出一份专属的知识小报，以童趣的形式表达出对数学知识的理解。

作业展示：

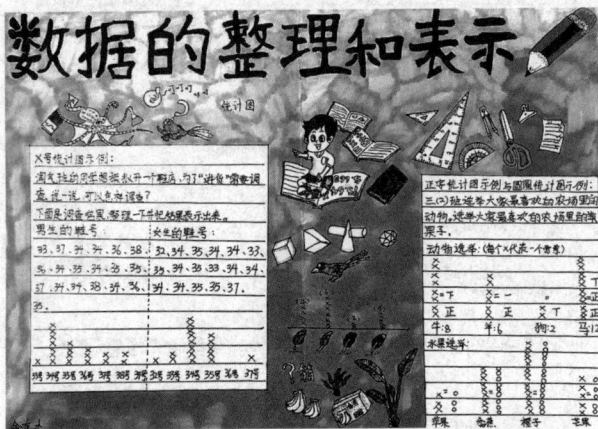

数学创意漫画展

惠州市光彩小学　詹国娣

教材来源：小学教学北师大版教材。

知识内容：三至五年级相关概率与统计的知识点。

布置时机：学习完五年级下册"数据的表示和分析"之后。

作业目标：

1. 以数学漫画的形式表达出对统计与概率的知识的理解。

2. 会用统计与概率的知识解决实际问题。

作业要求：

1. 以生活中的实际情境，也可以是构想中的故事情境，将统计与概率的知识点融入情境中。

2. 选择统计与概率中的一个知识点或问题，构思一个数学小故事，以漫画形式体现用统计与概率的知识解决实际问题。

设计意图：数学漫画，用想象力丰富的趣味故事呈现数学知识，让抽象的数学知识直观化，让无形的思考过程可视化。它巧妙地利用故事形式作为承载数学知识的媒介，同时渗透数学思维方式，让学生在数学知识和解题过程中发挥创作的想象力，让数学更富有趣味性。

作业展示：

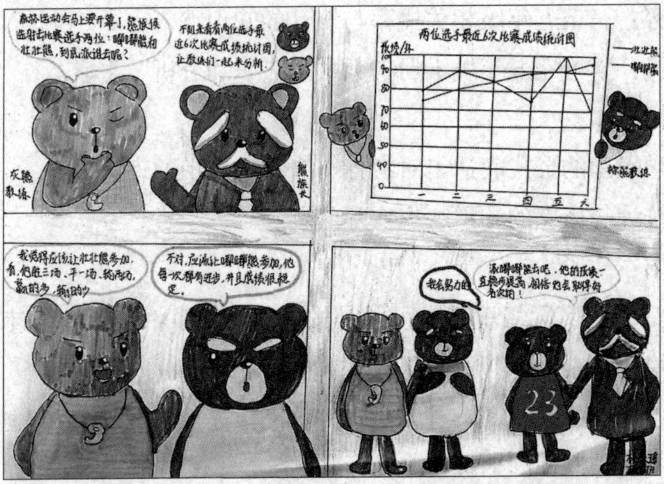

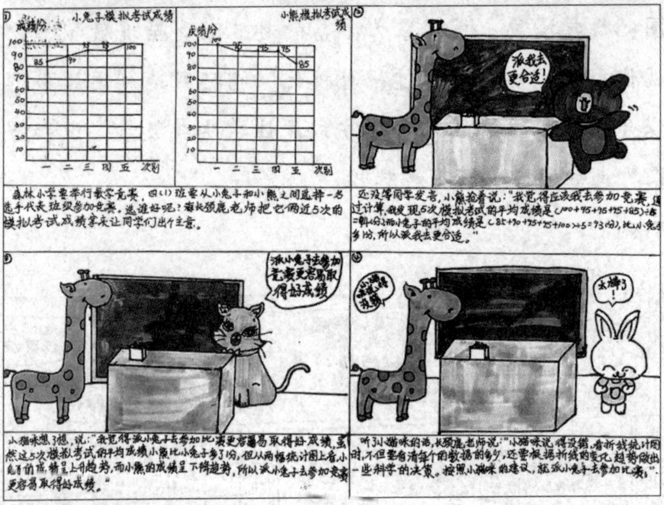

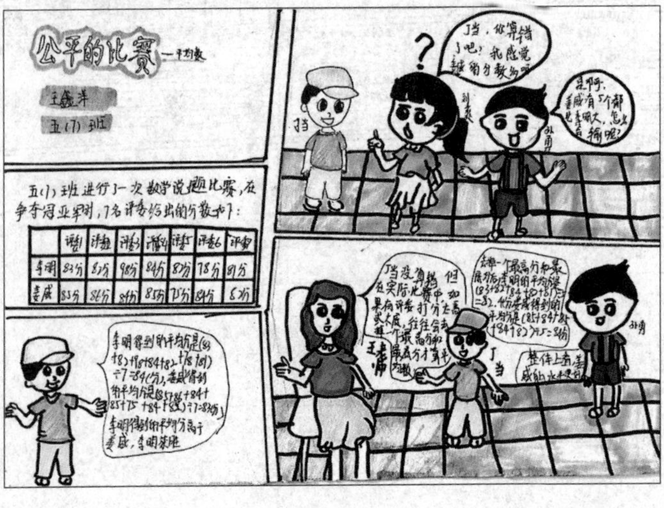

奶茶店的秘密

惠州市光彩小学　詹国娣

教材来源： 小学数学北师大版教材。

知识内容： 四年级数学下册"数据的表示和分析"。

布置时机： 学习完"数据的表示和分析"之后。

作业目标：

1. 经历简单的奶茶价格数据收集和整理、描述和分析各家热门奶茶店价格情况，了解简单的收集数据的方法，会呈现数据整理的结果。

2. 通过对热销奶茶价格的简单分析，感受数据蕴含着信息，体会运用数据进行表达的作用。

3. 能在整理热销奶茶价格的实际情境中，合理应用统计图表和平均数，形成初步的数据意识和应用意识。

作业设计：

A品牌		B品牌		C品牌	
桂圆红枣奶茶	9.68元起	蜜桃四季春	7.7元起	鲜芋青稞大红袍奶茶	14元起
桂圆红枣奶茶（鲜奶茶版）	12.32元起	珍珠奶茶	6元起	大红袍珍珠奶茶	13元起
茉莉奶绿	8.8元起	满杯百香果	7元起	茉香奶绿	9元起
芋圆奶茶	11.44元起	棒打鲜橙	6元起	芋泥桂花奶茶	16元起

1. 同学们，奶茶你们喝过吗？那奶茶背后的数学知识你知道多少？我们一起来探究下吧！老师收集了几家奶茶店里的奶茶价格，你们发现了什么？

2. 你能把各家奶茶店的4款热销产品的价格整理成统计表吗？哪家奶茶店的热销产品最贵，哪家奶茶店的热销产品最便宜？

3. 如果用统计图直观表示出3家店的热销品平均价格，选用哪种统计图合适？画一画。

4. 经过刚才的简单统计活动，请你大胆猜测：刚才的几家奶茶店中，哪一家是最热门的？你的依据是什么？

5. 根据某奶茶品牌2020—2023年门店数量统计表，如果要反映它的门店数量变化趋势，可以选择哪种统计图来表示？请你独立绘制，并用一句简单的语言描述门店数量的变化情况。

某奶茶品牌2020—2023年门店数量统计表

年份	2020	2021	2022	2023
数量/家	3000	5000	6000	6700

注：因研究需要，数据均取整百数。

设计意图：奶茶是热门饮料的其中一种，热门的奶茶店更是在周围可见。通过点单小程序中得知几款热销奶茶的价格，引导学生经历将奶茶价格整理成统计表，感悟收集数据的意义和方法，用数学语言表达数据所蕴含的信息。得出价格的最高值和最低值。形成初步的数据意识。通过求出各4款热销奶茶的平均价格，理解平均数所具有的代表性，并能选择合适的统计图来表示，直观形象地呈现出3家热门奶茶店的平均价格。最后根据某奶茶品牌的门店数量统计表，选择合适的统计图来反映门店数量变化趋势，会用数学语言描述门店数量的变化情况。

作业展示：（略）

栽蒜苗（一）

博罗县园洲赤沥小学　徐建臻

教材来源：小学数学北师大版教材。

知识内容：四年级数学下册"栽蒜苗（一）"。

布置时机：学习完"栽蒜苗（一）"的条形统计图知识之后。

作业目标：

1. 了解条形统计图的特点。

2. 能读出条形统计图所表示的信息。

3. 会根据信息收集数据制作条形统计图。

4. 能自主收集感兴趣的数据制作条形统计图。

作业设计：

◆ **基础性作业**

1. 条形统计图可以清楚地表示出数量的多少。这个说法（ ）。

A. 正确　　　　B. 不正确

2. 根据下面的统计图填空。

某制药厂上半年生产情况统计图

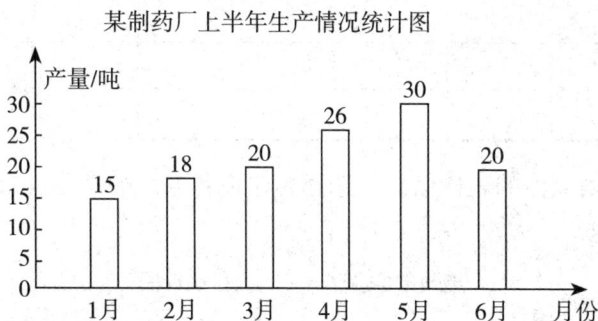

（1）（ ）月份的产量最高，是（ ）吨。

（2）（ ）月份的产量最低，是（ ）吨。

（3）二季度产量比一季度增加（ ）吨。

◆ **拓展性作业**

请阅读以下内容，完成练习。

截至2020年11月1日零时，惠州市常住人口为6042852人，常住人口中：外省流入人口为1614182人，省内流动人口为1419229人。

2019年末惠州市常住人口488万人，人口密度430人/平方千米，人口出生率13.58‰，死亡率3.49‰，自然增长率10.09‰。户籍人口389.74万人，其中城镇人口228.15万人，乡村人口161.59万人。

2018年惠州市行政区划如下：

县（区）	面积/平方千米	常住人口/万人	户籍人口/万人
惠城区	1117.06	121.30	97.91
惠阳区	915.6	60.89	39.94
惠东县	3527.8	93.67	89.14
博罗县	2858	107.24	91.67
龙门县	2295	31.28	36.04
大亚湾区	23.6	23.43	11.81
仲恺区	500	45.19	14.40
惠州市	11599.00	483.00	380.90

（1）请将各县区的常住人口和户籍人口四舍五入取整数后填入下面的表格中。

县（区）							
常住人口/万人							
户籍人口/万人							

（2）请根据上面的表格信息，选择惠州市各县区的常住人口或户籍人口制作成条形统计图。

惠州市各县区（　　）人口统计图

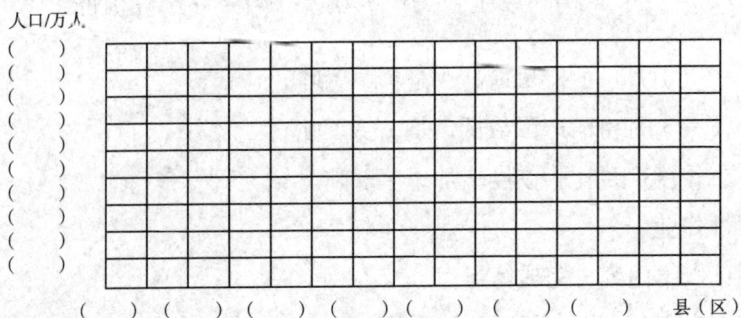

人口/万人

（　　）县（区）

尝试收集自己感兴趣的数据，制作成条形统计图。

摸球游戏

博罗县园洲赤沥小学　徐建臻

教材来源：小学数学北师大版教材。

知识内容：五年级数学上册"摸球游戏"。

布置时机：学习"摸球游戏"之后。

作业目标：

1. 理解随机现象结果发生的可能性是有大有小的。

2. 能利用可能性大小解决一些简单的实际问题。

3. 能对一些简单的随机现象发生的可能性大小做出定性判断。

作业设计：

◆ 基础性作业

1. 用0，3，7这三个数字任意组成两位数，共有（　　）种情况，将这些两位数写在卡片上，从中任意取一张，抽到的两位数大于60的可能性比较（　　）（填"大"或"小"）。

2. 袋中有大小相同的白球5个、黄球4个、红球2个。从中任意摸出一个，摸到（　　）球的可能性最大。如果要使摸到红球的可能性最大，至少应再往袋中放同类红球（　　）个。

3. 有两个正方体积木。

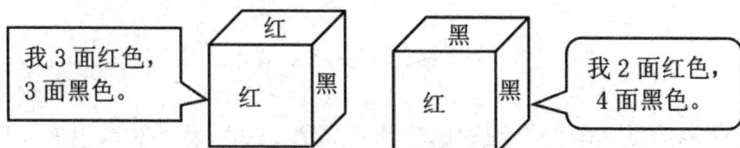

下面是亮亮掷30次积木的情况统计表。根据表中的数据推测，亮亮可能掷的是（　　）号积木。

红色面朝上	黑色面朝上
11次	19次

4. 涛涛、笑笑和小军三人玩摸球游戏，三人各摸了50次，其数据统计如下表。

甲　　　乙　　　丙

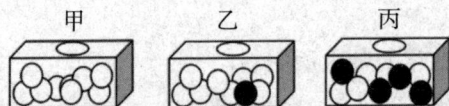

	白球/次	黑球/次
涛涛	44	6
笑笑	50	0
小军	30	20

涛涛摸的是（　　）盒子，笑笑摸的是（　　）盒子，小军摸的是（　　）盒子。

◆ 拓展性作业

1. 购物中心举行"迎元旦有奖购物"活动，凡购物满288元者均可转动转盘抽奖一次。请你设计一下，使得中一等奖的可能性最小，中三等奖的可能性最大。

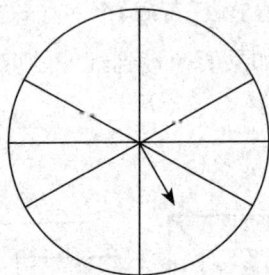

2. 一个袋子里有两种不同颜色的球共20个，果果摸了20次（摸完后记下颜色放回摇匀），其中摸到红球12次，摸到黄球8次。根据数据推测，袋子里红球一定比黄球多。这句话对吗？为什么？

可能性

惠东县多祝道彰小学　　钟育花

教材来源：小学数学北师大版教材

知识内容：五年级数学上册"谁先走"。

布置时机：学完"谁先走"之后。

作业目标：

1. 通过游戏活动，体会游戏规则的公平性，能正确判断一些游戏规则是否公平，进一步体会不确定现象的特点。

2. 感受数学与游戏之间的密切联系，在游戏中体验学习数学的乐趣，培养创新意识。

作业设计：

根据所学知识，解决问题。

A：甲、乙两人用纸牌做游戏，每人手中都有"1"～"5"5张牌，两人各出一张牌。

甲说："如果和是双数我就赢，和是单数你就赢。"你认为这个规则对双方公平吗？为什么？

B：在联欢会上，大家要抽签表演节目。请你根据要求在下面的10张卡片上写上表演的内容。

① 不可能抽出"唱歌""跳舞""讲童话"以外的内容。

② 抽到"唱歌"的可能性最大。

③ 抽到"讲童话"的可能性最小。

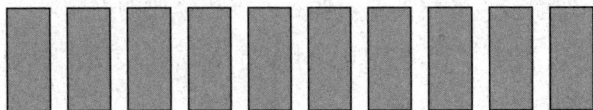

C：要使掷出的结果"3"在上面的可能性最大，"1"在上面的可能性最小。另外3面应该怎样填数字？为什么？

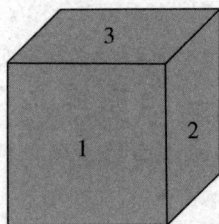

设计意图：这样的作业设计，既有开放性、科学性、娱乐性，又使学生养成一种独立完成作业的自觉性。数学作业通过游戏形式，能激发学生对数学学习的兴趣，养成学生积极的思维方式，增强学生的自信，培养他们的求知欲，在游戏中逐步形成理性思维和主动获取知识的能力，提高学生学习的积极性。

题目整理员

惠州市光彩小学　詹国娣

教材来源：小学数学北师大版教材。

知识内容：五年级数学下册"复式折线统计图""平均数的再认识"。

布置时机：学习完"数据的表示和分析"之后。

作业目标：

1. 在解决问题中，对某一经典题目进行分析整理，从中发现解决问题的一般步骤。

2. 经历解题的过程，总结题目所考查的知识点，不仅增强对基础知识的掌握，更提升总结归纳的能力。

作业要求：

1. 在平时的作业或者教材的练习题中，寻找经典的好题。

2. 在解题的过程中，理清思路，用文字等形式表达出整个解题的思维方式，并把相关的知识点描述出来。

设计意图：重复的做题不如一次详细的整理题目，一些经典的题目考查的知识点综合且巧妙，可将多个知识点融会贯通。做这些题目，不仅可以检验基础知识的掌握程度，更是提升学生思维能力的有效途径。在深入整理经典题目的过程中，发现考点之间的联系，总结解题的一般步骤，提高总结归纳的能力，以后对同类题型就能得心应手。

作业展示：

经典好题

题：甲、乙两个超市2017～2022年度营业额情况如下表。

年份	2017	2018	2019	2020	2021	2022
甲超市/万元	8000	8800	9200	9900	10600	11500
乙超市/万元	7000	8000	9000	10000	11000	13500

（1）请你根据表中数据绘制折线统计图。

（2）哪个超市的营业额增长得快？

（3）这六年中，哪一年两个超市的营业额相差最少？相差多少？

分析与解

（1）甲、乙分为两个不同的超市，所以我们在绘制折线统计图时应该用两个不同的图例来分别表示两个超市的营业额，接着再用复式折线统计图的绘制方法来作图，作图如下：

——甲超市
——乙超市

（2）从图中可以得知，刚开始时，乙超市的营业额并没有甲超市高，但是到了后来，超过了甲超市，所以乙超市的营业额增长得快。

（3）这六年中，2020年两个超市的营业额相差最少，相差了 10000－9900＝100（万元）。

利用统计图来判断

五(1)班 诗品

复式条形统计图

惠州市光彩小学　林雪艳

教材来源：小学数学北师大版教材。

知识内容：五年级数学下册"复式条形统计图"。

布置时机： 学习完"复式条形统计图"之后。

作业目标：

1. 能读懂复式条形统计图，理解复式条形统计图的作用，从统计图表中尽可能多地获取有用的信息，体会数据的作用。

2. 能根据统计表中的数据完成相应的统计图。

作业设计：

◆ 基础性作业

1. 填空。

（1）能直观地表示出数量的多少的统计图是（ ）统计图。

（2）在一幅条形统计图里用0.8 cm的直条表示10人，那么3.2 cm的直条可以表示（ ）人；要表示25人，直条的高度应当是（ ）cm。

（3）在同一幅统计图中既要表示出男生的人数，又要表示出女生的人数，应当选择（ ）条形统计图。

2. 下图是五（1）班和五（2）班同学爱吃的食物种类人数统计图，看图回答问题。

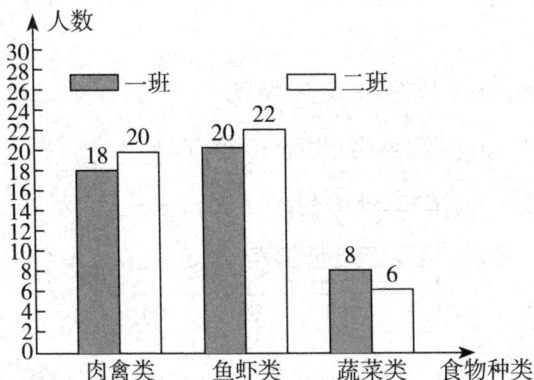

（1）统计图纵轴表示（ ）。

（2）从整体上看两个班中学生喜欢吃（ ）的人数最多。

（3）二班中喜欢吃蔬菜的人数占全班人数的（ ）；喜欢吃肉禽类的人数是喜欢吃蔬菜的（ ）倍。

（4）两个班中喜欢吃蔬菜的同学人数是喜欢吃鱼虾类人数的（ ）。

（5）分析以后，你有什么建议？

3. 看表解决问题

月份	6	7	8	9	10
绿茶/瓶	380	400	450	330	200
果粒橙/瓶	400	360	420	260	310

（1）根据上表数据制作条形统计图。

（2）在几月份两种饮料的销量相差最大？相差多少瓶？

（3）每种饮料的平均月销量各是多少瓶？

◆ 拓展性作业

小强家和小军家去年各季度电费情况如下图。

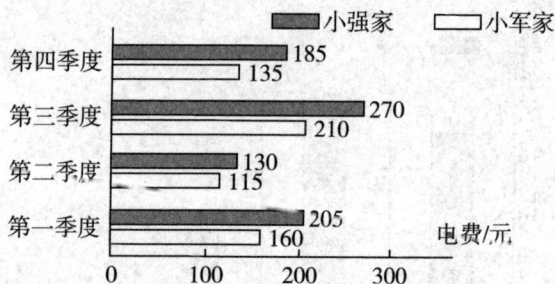

（1）小强家第（　）季度电费最多，是（　）元；小军家第（　）季度电费最少，是（　）元。

（2）小军家去年电费是（　）元，小强家去年电费是（　）元。

（3）去年小强家比小军家电费多（　）元。

设计意图：根据课程标准要求，统计课程的核心目标是培养学生的数据分析观念，要使学生形成数据分析的观念，最有效的方法是让他们真正深入统计思想产生和发展的全过程。所以本次作业设计的基础性作业着重让学生看懂复式条形统计图，能利用统计图的数据分析问题和作出预测等，体会数据分析是统计的核心。最后设计了绘制复式条形统计图，让学生动手操作，体会绘制复式条形统计图的几个要素，即纵轴和横轴，根据数据信息确定纵轴的数字间隔，图例等，加深学生对复式条形统计图的理解。拓展性作业展示了一张横向复式条形统计图，开阔学生的视野。

作业展示：

王一帆 ㉞

一、填空

（1）能直观地表示出数量的多少的统计图是（条形）统计图。

（2）在一幅条形统计图里用 0.8 cm 的直条表示 10 人，那么 3.2 cm 的直条可以表示（40）人；要表示 25 人，直条的高度应当是（2）cm。

（3）在同一幅统计图中既要表示出男生的人数，又要表示出女生的人数，应当选择（复式）条形统计图。

二、下图是五（1）班和五（2）班同学爱吃食物的人数统计图。看图回答问题。

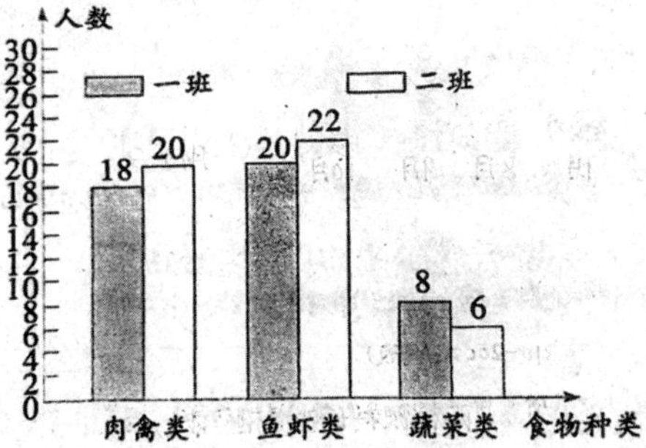

1、统计图纵轴表示 人数 。

2、从整体上看两个班中学生喜欢吃 鱼虾类 的人数最多。

3、二班中喜欢吃蔬菜的人数占全班人数的 9 ；喜欢吃肉禽类的人数是喜欢吃蔬菜的 3 倍。

4、两个班中喜欢吃蔬菜的同学人数是喜欢吃鱼虾类人数的 7/22

5、分析以后，你有什么建议？

答：五（1）班和五（2）班的同学可以多吃点蔬菜类的食物，少吃点鱼虾类的食物。

三、看表解决问题

月份	6	7	8	9	10
绿茶/瓶	380	400	450	330	200
果粒橙/瓶	400	360	420	260	310

（1）根据上表数据制作条形统计图。

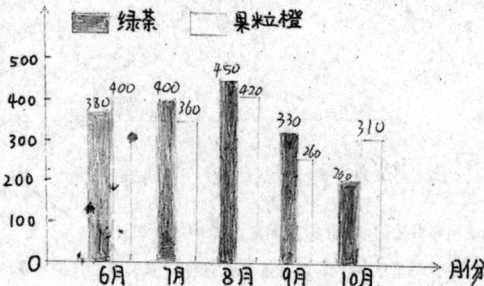

（2）在几月份两种饮料的销量相差最大？相差多少瓶？

$$310-200=110(瓶)$$

答：10月两种饮料的销量相差最大，相差110瓶。

（3）每种饮料的平均月销量各是多少瓶？

绿茶：$(380+400+450+330+200)÷5=352(瓶/月)$

果粒橙：$(400+360+420+260+310)÷5=350(瓶/月)$

答：绿茶的茶的平均月销量是352瓶，
果粒橙的平均月销量是350瓶。

拓展性作业：小强家和小军家去年各季度电费情况如下图。

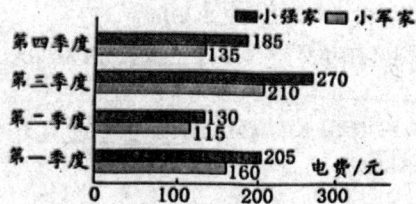

（1）小强家第（三）季度电费最多，是（270）元；小军家第（二）季度电费最少，是（115）元。

（2）小军家去年电费是（620）元，小强家去年电费是（790）元。

（3）去年小强家比小军家电费多（170）元。

统计思维导图

惠州市光彩小学　詹国娣

教材来源：小学数学北师大版教材。

知识内容：六年级统计与概率的复习。

布置时机：复习完整个小学阶段的统计与概率知识之后。

作业目标：

1. 通过整理思维导图，把小学阶段所学的有关统计与概率的知识点串联起来，增强对知识点的紧密联系。

2. 在整理过程中，了解统计与概率三个主题"数据分类，数据的收集、整理与表达，随机现象发生的可能性"的基础知识，感悟数据分析的过程，形成数据意识。

3. 综合运用所学的统计知识解决问题。

作业要求：

1. 收集和整理小学阶段所学有关统计与概率的知识点，并用自己的语言描述统计图表的特点。

2. 以思维导图的形式表达统计与概率，让学生全方位地认识以及深入复习相关知识点。

设计意图：思维导图生动形象且直观，能让学生更加深入地理解知识之间的联系，对于六年级复习阶段的学生，能够将他们较为分散的思维分类并且系统地概括起来，不仅让他们整体把握知识点，而且激发学生的主动性，让他们学习规划整理知识。统计与概率不仅让学生学会收集、整理和分析数据，还要掌握统计图表对数据的表达，还能初步了解随机事件和感受可能性等。

作业展示：

故事分享会——概率与统计

惠州市光彩小学　詹国娣

教材来源：小学数学北师大版教材。

知识内容：一至六年级统计与概率的知识。

布置时机：复习完统计与概率阶段之后。

作业目标：

1.感受历史上统计与概率的数学故事，体会数学文化美。

2.体会统计与概率在生活中的运用，增强应用意识。

作业要求：探究统计与概率的数学故事。收集并整理有关统计与概率的相关资料（如数学家运用的重要发现，历史上统计与概率的故事，运用统计与概率所产生的变化等），以学习小组为单位合作完成，每个成员将收集的资料统一发给组长，组长整理后利用信息技术课上的知识做成幻灯片，在班级中分享，互相学习。

设计意图：统计不是由一系列枯燥的数字、公式和图标组成的，随着对这一知识的深入理解，会逐渐体会到统计的趣味性。由统计趣味小故事分享，让学生感受到统计在生活中的有趣运用。

作品展示：

来开汉堡店!

惠州市光彩小学　詹国娣

教材来源： 小学数学北师大版教材。

知识内容： 六年级数学上册"扇形统计图"。

布置时机： 学习完"扇形统计图"之后。

作业目标：

1. 注重与现实生活的密切联系，创设学生喜闻乐见的开汉堡店情境，收集和整理数据，发展学生初步的数据分析观念。

2. 能读懂扇形统计图，从中获取有效信息，体会统计在现实生活中的作用。

作业要求：

汉堡、可乐是小朋友们的最爱，如果是你，想不想开家汉堡店呢？以投资人的视角一起来开汉堡店吧！为了尽可能客观地了解到孩子们喜欢的汉堡类型，调研团队采访了各年级的小朋友共100人，得出了以下数据：

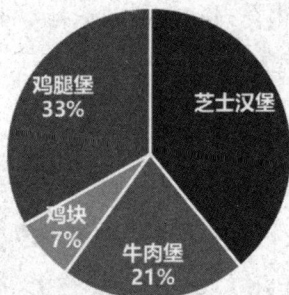

（1）观察小朋友喜欢的汉堡情况统计图，你的汉堡店会多生产哪种汉堡呢？为什么？

（2）你能算出芝士汉堡占百分之几吗？有多少个小朋友喜欢呢？

（3）你最喜爱哪一种汉堡？有多少个小朋友跟你一样喜欢呢？

设计意图： 汉堡是小朋友们喜爱的食物之一，创设开汉堡店的情境，让学生以投资人的视角去看待收集和整理数据的实际意义与重要性，对于热销的几种汉堡，可以适量地增加产量。能从中读懂扇形统计图，获取有效的信息。利用各种汉堡所占的百分比，推算出最热销的汉堡所占百分比；根据百分比和调查的总人数，推算出各种汉堡喜爱的人数，综合运用扇形统计图和百分比知识。

作业展示：（略）

秋天的第一杯奶茶

惠州市光彩小学　　詹国娣

教材来源： 小学数学北师大版教材。

知识内容： 六年级数学上册"比的认识"。

布置时机： 学习完"比的认识"之后。

作业目标：

1. 了解奶茶的配制材料，会用适合的统计图直观形象地表示出奶茶各部分的含量。

2. 综合运用比的知识，已知中杯奶茶各部分的含量，得出奶茶各部分含量的比，利用比的知识求出大杯奶茶所需各部分的具体量，培养学生综合运用的解题能力

3. 从《中国居民膳食指南（2022）》中获取信息，从中渗透健康的身体不宜过多地摄入糖量知识。

作业要求：

2023年8月8日立秋这天，中国近20万家奶茶店参加了"立秋奶茶狂欢节"，累计卖出超过4000万杯奶茶。同学们看到这个数据想必都惊讶了，当丝滑的奶茶触碰到舌尖，糖与味蕾上的甜味受体迅速结合，甜味信号随之释放，逐渐喝奶茶就上瘾了。奶茶为什么有这么大的魔力？你知道奶茶是什么制作的吗？淘气通过查询资料，得到以下数据：要制作一杯中杯的珍珠奶茶，需要150 mL茶水、300 mL牛奶、15 mL糖浆、75 mL珍珠。

（1）请同学们根据以上珍珠奶茶配方，选择合适的统计图表示。

（2）如果要配置一杯大杯720 mL的珍珠奶茶，需要多少牛奶和糖浆？

（3）《中国居民膳食指南（2022）》建议每天摄入的添加糖最好控制在25 g以内，大量的糖可能导致记忆和学习能力下降，增加各类疾病甚至癌症的风险。对此，同学们，你们有什么好的建议吗？

设计意图： 喝过奶茶的都会继续想喝，奶茶似乎有种让人上瘾的魔力，可能多数人认为奶茶无非就是牛奶加茶，背后具体的配方不一定都清楚。通过调查奶茶的配方，了解中杯奶茶不仅仅有牛奶和茶，还有糖浆。摄入过多的糖浆会造成一定的危险风险，通过计算得出喝一杯大杯的奶茶摄入的糖浆量，根据健康指南添加糖的标准比对，渗透了健康饮食的教育。

作业展示：（略）

综合与实践

"+-"助力玩转扑克

惠州市中洲实验小学　党珍珍

知识内容：一年级数学上册"加与减（一）"。

布置时机：学习完"加与减"之后。

作业设计：

游戏规则：

1. 准备扑克：只需1~10，将其他数值的扑克收起来。

2. 把所准备的扑克随机反向摆放，由一人顺序拿取4张，恰当使用"+"或"-"，说出正确的算式。每张扑克在同一个算式中只能使用一次。（格式：□○□○□=□）

3. 把扑克取完，说出正确算式多者为胜。

完成时间：课外时间。

作业目标：通过小游戏的趣味性，提高学生参与的积极性。并且在学习了1~10后，在游戏中学生会直观面对数字间的加减计算，从而提升学生的数感，提高计算能力。

作业展示：

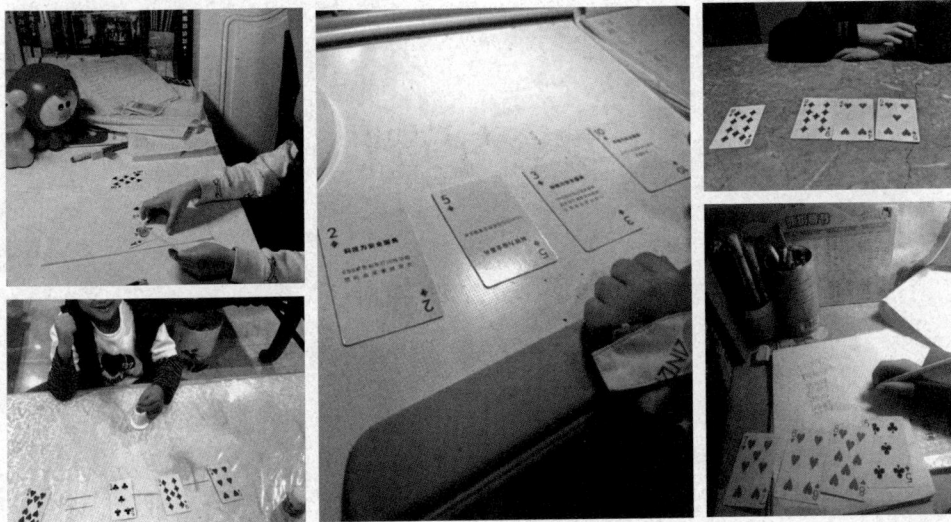

碰"面"成"体"

惠州市中洲实验小学　党珍珍

知识内容：一年级数学上册第六单元"认识图形"。

布置时机：学习完"认识图形"之后。

作业设计：

1.在A4纸上提供若干平面图形（正方形、长方形、圆等）。

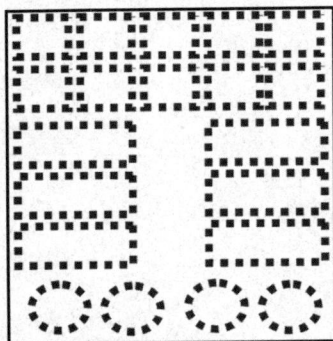

2. 从A4纸中选出一些图形并剪下来，动手拼粘成一个立体图形。并说一说此立体图形的特点。

说明：（因图示大小限制，所以不能很好地展示平面图形）提供的平面图形可根据学生对知识掌握情况，进行难度的调整。

完成时间：课外时间。

作业目标：学生在动手拼粘前，要先选出合适的平面图形，因此要对所拼粘的立体图形非常了解，才可以较快较好地完成此项任务。拼粘好后，学生在班内进行分享、交流，又一次深化和巩固了立体图形的知识。

作业展示：

我的时间我做主

惠州市中洲实验小学 党珍珍

知识内容：一年级数学上册"认识钟表"。

布置时机：学习完"认识钟表"之后。

作业设计：在生活中找可用素材，制作一个属于自己的专属钟表，钟表指针可活动，也可固定。但要展示出周末时光中有意义的一个时间点。并和同学说一说，这个时间是多少，在这个时间点你在做什么事情。

完成时间：周末。

作业目标：在学习了"认识钟表"一课后，学生对于钟面有了初步认识，并可以熟练说出"整时"和"半时"。通过对自己周末两天中某一项活动的时间记录，感知时间的流逝，体会在一个时间段中自己的生活情境，增强时间意识，巩固对时间辨识的能力。

作业展示：

四格数学漫画制作

惠州市南坛小学　黄莉　　惠州市中洲实验小学　党珍珍

知识内容：一至六年级，以单元知识为主，由学生自主选择所展示的知识点。

布置时机：单元结束均可布置此项作业。

作业设计：经过对本单元知识的学习，结合生活实际，自创一个数学小故事（主题不限，数学文化、计算、问题解决等均可），以漫画形式体现出来，并跟家人或朋友讲一讲。

要求参照四格漫画，内容不用过于复杂，每格图画需要配文字或数据进行说明。

姓名：　　　　　　　　　　　　作品名称：

·	··
·.·	::

完成时间：周末。

作业目标：通过学生作品，了解学生对知识点的掌握程度，以及提高学生完成数学任务的兴趣。

作业展示：

绘制地图小工匠

惠州市中洲实验小学　党珍珍

知识内容：二年级数学下册"方向与位置"。

布置时机：学习完"方向与位置"之后。

作业设计：

请根据给出的4个已知条件，绘制一份地图。

1.邮局在大桥的西北方，在公园的北方。

2.医院在公园的南面，它的东面是书店。

3.学校在大桥的西北方，在电影院的南面；学校的南面是书店。

4.广场在大桥的北面，在商场的南面；广场的西面有学校和公园。

完成时间：周末。

作业目标：

1.根据已知条件绘制地图，在"地图"与"现实空间"的联系过程中，发展初步的空间观念。

2.在绘制地图的过程中，也许会遇到"矛盾点"，正是通过思考一个个击破这些"矛盾点"，激发学生的学习兴趣和探究欲望。

作业展示：

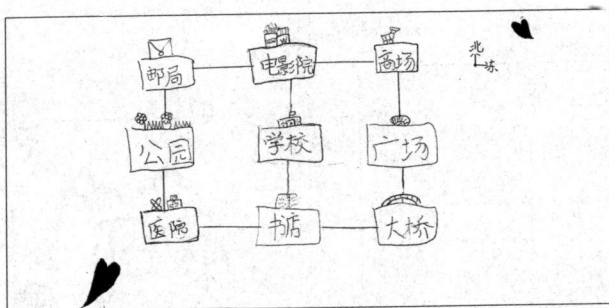

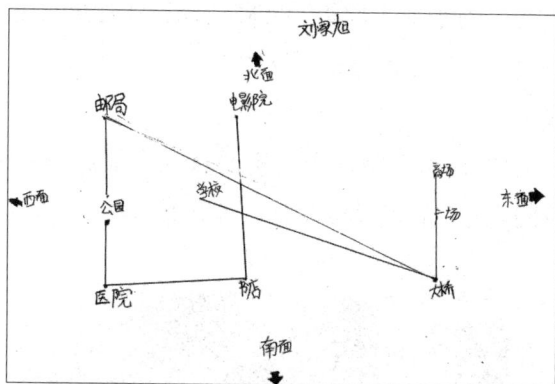

制作有趣的方向板

惠州市南坛小学黄莉惠州市中洲实验小学 党珍珍

知识内容： 二年级数学下册"认识方向"。

布置时机： 学习完"认识方向"之后。

作业设计：

1. 了解有关方向的相关知识及生活中的方向。

2. 组织学生制作"有趣的方向板"实践活动，让学生自己动手制作属于自己的方向板，激发学生的学习兴趣和探究欲望。

完成时间：周末。

作业目标：让学生在动手制作方向板的过程中加深对有关方向知识的理解，发展学生的空间观念，让其感受生活中处处有数学。

作业展示：

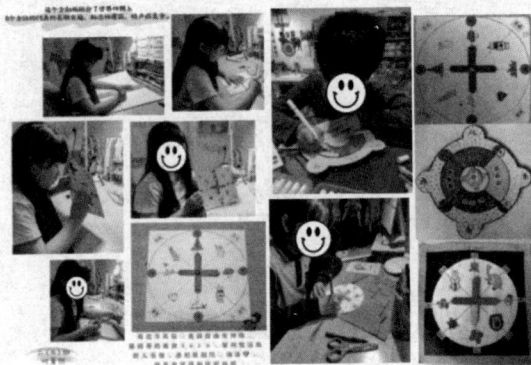

用身体去度量世界

惠州市中洲实验小学　党珍珍

知识内容：二年级数学下册"测量"。

布置时机：学习完"测量"方法及长度单位：毫米、厘米、分米、米、千米之后。

作业设计：

1. 量一量。

测量对象	指甲宽	一拃长	手宽	两臂间距（一庹长）	脚掌长	一步长	自己身高	手腕一周的长度	腰一周的长度
估计长度									
测量结果									

2. 估一估。

估量对象	雪糕厚度	一棵树一圈的长度	公园长椅的一根木板宽度	汉语字典厚度	从家到学校的距离	妈妈高跟鞋的跟高
身体参照物						
估量结果						

（自己选择三种想要测量的对象进行估测，并做好记录）

完成时间： 周末。

作业目标：

1. 引导学生发现自己身体上的长度单位，直观理解度量的意义。

2. 结合真实情境，对实物进行合理估计，灵活使用长度单位。经历测、估等活动，加深对度量思想的体会。

作业展示：

小小室内测量师

惠州市中洲实验小学　党珍珍

知识内容： 二年级数学下册"认识图形"。

布置时机： 学习完"认识图形"单元之后。

作业目标：

1. 通过对图形的学习与认识，引导学生用长方形、正方形、三角形、平行四边形等图形设计自己喜欢的图案，激发学习数学的兴趣。

2. 在图案设计过程中，能通过排列组合、旋转、平移图形设计出优美的图案。

3. 感受图形的美，领略数学的美，发展空间观念和审美意识。

作业设计：

为班级地板铺上优美的地毯，地毯由我来设计。

1. 对学过的图形进一步温习。

2. 使用自己喜欢的图形来设计地毯图案。

设计意图：①有创意地运用已学过的图形进行设计。②学习图形，学会欣赏美、体会美、创造美。引导学生在实践中感受美创造美，体现了学以致用的数学思想，体会到数学的魅力。

作业展示：

数学迷眼中的体育盛会

——体育报告会

惠州市中洲实验小学　党珍珍

知识内容： 三至六年级数学知识。

布置时机： 三至六年级的学生学习完相应的数学知识之后。

作业设计： 2人或4人为小组，从亚运会中选取大家喜欢的体育项目，认真观看比赛后，依据选定的赛事，制订探究计划，从中发现数学应用，提出相关数学问题（例：比较赛事成绩、探究比赛得分制、获奖统计图、体育赛事中的百分数、淘汰赛制探究、比赛时间比较等）。小组成员需详细记录问题解决的过程及结果，制成活动报告书，最终于班内进行张贴评比，互相交流心得，互相学习。

完成时间： 周末。

作业目标： 体育运动中包含着各种各样的信息，引导学生经历有目的地查阅、梳理资料，分析信息，形成运用数学方式展现出的结论，提升学生从数学的角度分析问题的能力，培养学生学习数学的兴趣。通过实际情境，内化数学知识，深刻体会到"数学来源于生活，运用于生活"。

作业展示： （略）

探秘时间小百科

惠州市中洲实验小学　党珍珍

知识内容： 三年级数学上册有关年、月、日知识与中国传统文化。

布置时机： 学习完年月日的相关知识之后。

作业设计：

春雨惊春清谷天，夏满芒夏暑相连。

秋处露秋寒霜降，冬雪雪冬小大寒。

＿＿＿＿＿＿＿＿，＿＿＿＿＿＿＿＿。

＿＿＿＿＿＿＿＿，＿＿＿＿＿＿＿＿。

1. 有关二十四节气，你还知道些什么？

2. 查找有关"土圭"的资料，进行阅读。

3. 请随机对连续5年的年历进行统计，整理出二十四节气的具体日期，并说说发现。

年份					年份					
立春					立秋					
雨水					处暑					
惊蛰					白露					
春分					秋分					
清明					寒露					
谷雨					霜降					
立夏					立冬					
小满					小雪					
芒种					大雪					
夏至					冬至					
小暑					小寒					
大暑					大寒					

4. 请你补充完二十四节气歌的后两句，思考与你的发现是否一致。

完成时间：周末。

作业目标：

1. 知道年、月、日之间的关系，以及相关的简单历法知识，知道一年四季的重要性，了解中国古代是如何通过土圭之法确定一年四季的，培养家国情怀。

2. 通过此项实践活动，让学生经历收集数据、整理数据、发现规律等探索过程，发现藏在二十四节气中的数学知识，体会数学的奇妙之美！

作业展示：（略）

度量衡知识大搜索

惠州市中洲实验小学　党珍珍

知识内容：三年级下册第四单元"千克、克、吨"和第五单元"面积"。

布置时机：三年级下册结束第五单元之后，学生已经学习了长度、面积、质量、时间和货币等相关量的单位，通过对计量单位的追根溯源，让学生了解度量衡的历史与发展，进一步加深对计量单位的理解，丰富发展数感与量感。

作业设计：

"刘备生得身长七尺五寸，两耳垂肩；关羽身高九尺，髯长二尺；张飞身长八尺，豹头环眼，燕颔虎须，声若巨雷，势如奔马。"你知道他们究竟是多高吗？

同样是8寸，比萨店的8寸和裁缝店的8寸是一样的吗？

"离离原上草，一岁一枯荣。野火烧不尽，春风吹又生。"你知道这里指的是多久吗？

人们常说的"半斤对八两"，你知道它的意思吗？……

请在互联网上查阅关于度量衡的历史与发展，并完成以下任务，记得要跟小伙伴分享你的收获哟！

1. 阅读秦始皇统一度量衡的相关故事。

2. 查阅成语中的度量衡——六尺之孤、半斤八两、千钧一发、才高八斗。

3. 观看《如果国宝会说话：战国商鞅方升》，并谈谈你的感受。

（以上任务三选一，用思维导图或文字讲说的形式呈现出来。）

完成时间：周末。

作业目标：

1. 通过查阅资料，使学生了解常用计量单位的历史和发展，知道计量对于日常生活与生产实践的重要性，感悟计量单位由多元到统一、由粗略到精细的过程，培养科学精神。

2. 借助互联网资源，提高学生学习兴趣，扩展知识获取范围，提升学习动力。

作业展示：

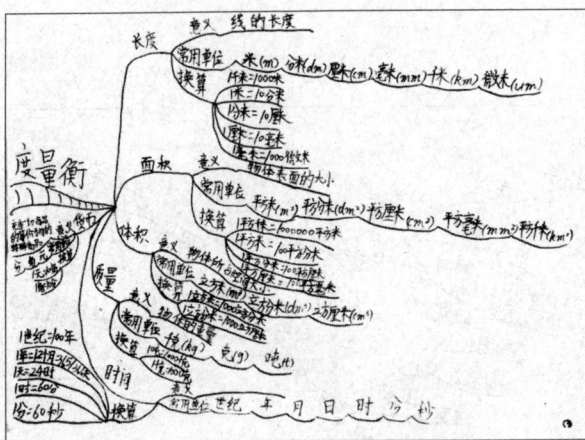

滴水实验

惠州市南坛小学　黄　莉

知识内容：四年级上册"数学好玩"第88~90页。

布置时机：学习了解决问题、大数的认识之后。

作业设计：在日常生活中，经常会看到水龙头因没有拧紧或使用时间过长出现滴水现象，这样会造成水资源的浪费。请学生独立或小组合作设计滴水实验，推算出一个没有拧紧的水龙头一年大约会浪费多少水。

实验方案如下：

实验名称	
实验人员	
实验分工	
测量工具	
实验方法及过程	

实验报告如下：

实验数据	方案一				
	方案二				
计算过程	方案一				
	方案二				
实验结论					
实验收获					

完成时间： 1天。

作业目标：

1. 能综合运用所学数学知识与技能解决实际问题，培养应用意识和实践能力，渗透类比思想。

2. 培养合作交流能力。

设计意图： 数学来源于生活，又运用于生活。此次作业让学生动手实践，设计实验方案，观察实验过程，得出实验结论，提高学生运用综合知识解决生活中的数学问题的能力。在实验的过程中可能会遇到些困难，但通过小组合作以及教师、家长的指导，学生可以很好地完成这次作业。此次作业有助于提高学生学习数学的兴趣及解决问题的能力。

作业展示：

身高体重小调查

惠州市中洲实验小学　党珍珍

知识内容：四年级上册第七单元"生活中的负数"。

布置时机：在学习了负数的相关知识后，通过小组活动来对负数知识进行实际运用。

作业设计：

身高与体重是一个反映远期营养状况的指标，往往作为评价人体生长发育和营养状况的基础，对小学生来讲这个指标尤为重要。下面是儿童身高和体重标准指标计算公式，可供参考：

身高（cm）=年龄×7+70

体重（kg）=年龄×2+8

姓名	标准身高/cm	与标准身高差（$\pm n$）/cm	标准体重/kg	与标准体重差（$\pm n$）/cm	改善方法或收获

完成时间：课后活动时间。

作业目标：

1. 引导学生通过归纳、比较，在生活情境中了解负数，感受负数在具体情境中的实际意义。

2. 通过与正数的对比，感悟负数可以表达与正数相反意义的量，进一步发展数感。

3. 通过小组活动后得出的数据，除了对正、负数增加了一定的认识外，还能从中对自己的身体情况有所了解，据此制订科学合理的健身计划。

作业展示：

身高体重小调查

学校 中洲实验小学 姓名 胡雅婷 班级 四(4)

身高与体重是一个反映远期营养状况的指标，往往作为评价人体生长发育和营养状况的基础，对小学生来讲这个指标尤为重要。下面是儿童身高和体重标准指标计算公式，可供参考：

➤ 身高(cm)=年龄×7+70

➤ 体重(kg)=年龄×2+8

姓名	标准身高/cm	与标准身高差（±n)/cm	标准体重/kg	与标准体重差（±n)/kg	改善方法或收获
胡学良	180kg cm	+3cm	75kg	-5kg	增强营养
胡伟朋	180cm	-10cm	63kg	+12kg	注意饮食加强体育锻炼
胡雅婷	140cm	+10cm	28kg	+17kg	注意饮食加强体育锻炼
得苏茹	159cm	+4cm	54kg	+8kg	注意饮食加强体育锻炼

身高体重小调查

学校 中洲实验 姓名 王子杰 班级 四(4)

身高与体重是一个反映远期营养状况的指标，往往作为评价人体生长发育和营养状况的基础，对小学生来讲这个指标尤为重要。下面是儿童身高和体重标准指标计算公式，可供参考：

➤ 身高(cm)=年龄×7+70

➤ 体重(kg)=年龄×2+8

姓名	标准身高/cm	与标准身高差（±n)/cm	标准体重/kg	与标准体重差（±n)/kg	改善方法或收获
我	140cm	-3.5cm	28kg	-1.8kg	加强营养
弟弟	133cm	±0cm	26kg	-2kg	健康饮食
哥哥	168cm	+1cm	36kg	+43kg	多运动

身高体重小调查

学校 姓名 王晓玥 班级 四(4)

身高与体重是一个反映远期营养状况的指标，往往作为评价人体生长发育和营养状况的基础，对小学生来讲这个指标尤为重要。下面是儿童身高和体重标准指标计算公式，可供参考：

➤ 身高(cm)=年龄×7+70

➤ 体重(kg)=年龄×2+8

姓名	标准身高/cm	与标准身高差（±n)/cm	标准体重/kg	与标准体重差（±n)/kg	改善方法或收获
王晓玥	140	+8	28	+17	
赤辰锡	147	+8	30	+6	
熊雅琳	140	+0	28	-2.5	
杨启朗	140	+4	28	+17	

我为祖国搭桥梁

惠州市南坛小学　黄　莉

知识内容：四年级上册第20页。

布置时机：学习"图形分类"之后。

作业设计：

用牙签或小棒搭桥。

班级	
成员	
作品介绍	
作品展示	
我的收获	

完成时间：0.5天。

作业目标：

通过用牙签或小棒搭桥，体会三角形的稳定性在生活中的运用，渗透类比思想，培养合作交流能力。

设计意图：此项作业中学生小组合作搭桥，充分发挥其聪明才智，使学生深刻地体会到三角形的稳定性在生活中的运用，培养学生的动手能力。

作业展示：

<table>
<tr><td colspan="2">四年级数学文化艺术节-《我为祖国搭桥梁》</td></tr>
<tr><td>班级：</td><td>四（5）班</td></tr>
<tr><td>小组成员：</td><td>宛玥彤　黄咏新</td></tr>
<tr><td>作品介绍（50字）：</td><td>这个作品是我们用双面胶、透明胶做的一座桥，用了46根雪糕棒，不仅色彩缤纷，还很稳固。</td></tr>
</table>

<table>
<tr><td>我的收获（50字）：</td><td>以后我们会更加关注动手能力的提升，再多练习，相信我们会做得更好。</td></tr>
</table>

<table>
<tr><td colspan="2">四年级数学文化艺术节-《我为祖国搭桥梁》</td></tr>
<tr><td>班级：</td><td>四（6）班</td></tr>
<tr><td>小组成员：</td><td>王腾月　肖茹丹</td></tr>
<tr><td>作品介绍（50字）：</td><td>我们的作品是一座简单桥，有着五彩缤纷的颜色。主要材料是橡皮筋，雪糕棒。我们的作品，不仅美丽，而且承重能力又强。</td></tr>
</table>

<table>
<tr><td>我的收获（50字）：</td><td>三角形是一种具有稳定性的图形。多利用三角形的稳定性，这样就能增强承重能力。这次活动，让我们动手能力有所提升，我们也更加了解数学的魅力。</td></tr>
</table>

<table>
<tr><td colspan="2">四年级数学文化艺术节-《我为祖国搭桥梁》</td></tr>
<tr><td>班级：</td><td>四（7）班</td></tr>
<tr><td>小组成员：</td><td>林子航　林湘桓　朱谦宇</td></tr>
<tr><td>作品介绍（50字）：</td><td>由三个三角形构建而成，连接点用皮筋固定，特殊位置用单双面胶固定，主体材料是雪糕棒。</td></tr>
</table>

<table>
<tr><td>我的收获（50字）：</td><td>做事应团结协作，不能自以为是，要听取别人的意见。搭桥时对应多构建三角形，才能承重，可见数学来源与生活，生活运用数学。</td></tr>
</table>

<table>
<tr><td colspan="2">四年级数学文化艺术节-《我为祖国搭桥梁》</td></tr>
<tr><td>班级：</td><td>四（7）班</td></tr>
<tr><td>小组成员：</td><td>叶乔立　梁栩恺　陈熙</td></tr>
<tr><td>作品介绍（50字）：</td><td>我们的作品是利用三角形的稳定性，用3个三角形和3条棒组成六边形的底，再用一个三角形把三角形各边连起来。</td></tr>
</table>

<table>
<tr><td>我的收获（50字）：</td><td>虽然最后我们搭的桥不是很成功，但是我们从中体会到自己的不足：一、不够团结；二、设计的结构实在太复杂。</td></tr>
</table>

生活中的数学

惠州市南坛小学 黄 莉

知识内容： 数学知识点、数学文化史、数学趣题等。

布置时机： 随机布置。

作业设计： 学生利用多种途径收集生活中有关的数学知识，制成数学手抄报。

完成时间： 0.5天。

作业目标： 培养学生动手收集、整理资料的能力，丰富学生的数学知识，提高学生学习数学的兴趣，培养学生综合能力。

设计意图： 设计此项综合实践作业，旨在让学生了解数学知识，会用数学的眼光观察现实世界，感受我们的生活中到处都有数学，体会数学的魅力。

作业展示：

制作零花钱统计图

惠州市中洲实验小学　党珍珍

教材内容： 北师大版小学四年级数学下册第六单元数据的表示和分析。

布置时机： 在学习完本单元第三课时"栽蒜苗（二）"及条形统计图和折线统计图后进行。

作业目标：

1. 经历收集数据、整理数据、分析数据的过程，进一步学习并掌握条形统计图和简单的折线统计图，并根据数据画出相应的统计图。

2. 通过观察统计图进行简单的分析、判断和预测。

3. 通过绘制零花钱统计图体会统计在日常生活中的应用，积累统计活动的相关经验。

作业设计：

1. 请将一周的零花钱收支情况记录在下表中，并根据支出记录绘制一份零花钱支出统计图。

日期	总金额		支出情况记录						
	收入	结余	文具	课外读物	学习资料	零食	玩具	休闲娱乐	其他

2. 对支出情况绘制统计图并对其进行分析，尝试拟订一份月理财计划。

设计意图： ①零花钱对于小学生而言非常普遍，如何合理使用和打理是一个高阶问题。此项作业不仅可以从小引导学生正确对待"获得"和"拥有"，合理使用与分配，还可以树立"计划意识"。②通过对零花钱的收支记录，使数学知识和生活密切联系，使学生对知识进行了巩固。通过分析图表，学生对自己的消费情况做到心中有数，从小树立科学的理财意识和适度的消费理念。

作业展示：（略）

象征性长跑

惠州市南坛小学　黄　莉

知识内容：五年级下册"象征性长跑"第75页。

布置时机：学习了"象征性长跑"之后。

作业设计：学完新课后，请你与小组成员设计一个具有惠州特色的象征性长跑方案。

完成时间：2天。

作业目标：积累活动经验，提高学生综合实践能力，培养学生团队协作能力。

设计意图：在分工合作设计长跑方案的过程中，学生讨论长跑中需要注意的事项及解决的问题，培养学生发现问题、提出问题、分析问题及解决问题的能力。

作业展示：

茶，不只加奶

惠州市中洲实验小学 党珍珍

知识内容：六年级上册"百分数"。

布置时机：学习了"百分数"之后。

作业设计：

茶文化发源于我们中国，随着茶文化的发展与演变，茶的喝法与种类也越来越多，请你按照自己喜欢的口味，调制一杯专属饮品。并根据调制情况，用百分数来记录饮品材料的配比情况。

材料名称				
所占百分比				

完成时间：周末两天。

作业目标：巩固百分数的知识，感受数学与实际生活的联系，体会数学知识在日常生活中的应用价值，提高学习数学的兴趣。

作业展示：

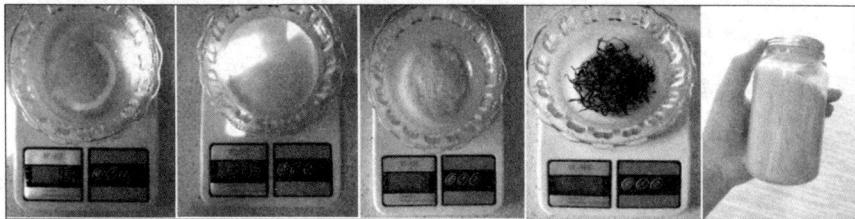

反弹高度小探究

惠州市中洲实验小学　党珍珍

教材内容：北师大版小学数学六年级上册"数学好玩"。

布置时机：随机布置。

作业目标：

1. 结合测量球的反弹高度的实践活动，合理选择测量方法，解决现实生活中的测量问题，培养学生的应用意识。

2. 引导学生用数学的视角去思考问题、认识世界，经历实践操作、对数据进行处理的过程，感受实验研究的科学性和数学结论的严谨性，并体验与他人的合作，增强合作意识，进一步培养学生的数据意识与思维能力。

作业设计：

1. 同学间合作：请先做好任务分工（落球、观察、测量、记录）。

球的反弹高度探究内容：从同一高度落下篮球和乒乓球，哪种球会反弹得高一些？各自的反弹高度是多少？

步骤：①落球：同一高度（做好标记，减少误差）；②观察：每次反弹的最高点（做好标记，方便后续测量）；③测量并记录。

记录球的反弹高度（单位·cm）：

类别	第一次反弹	第二次反弹	第三次反弹	第四次反弹	第五次反弹	平均反弹高度
篮球						
乒乓球						

2. 根据分工，完成相关任务。

3. 根据相关数据进行讨论，谈一谈此次实验的收获。

结论：

设计意图：①经过分工合作、动手操作，感受同一种球从同一高度下落时，其反弹高度基本相同；不同球从同一高度下落时，其反弹高度不相同。以此来体会球不同，则弹性不同。②提高学生合作意识与能力，培养团队精神；学生在亲历中体验，提高学习积极性。

作业展示：（略）

为什么妈妈爱穿高跟鞋（黄金比例）

惠州市南坛小学 黄 莉 惠州市中洲实验小学 党珍珍

知识内容：比例；黄金比例（黄金分割）。

布置时机：周末。

作业设计：为什么妈妈爱穿高跟鞋呢？

作业要求：

1. 请用软尺测量妈妈上身与下身的高度（以肚脐为界，光脚）。

2. 妈妈穿上高跟鞋后再进行二次测量上身与下身的高度。（可尝试不同高度的鞋子，并用手机拍正面照以备后续进行比较）

3. 做好数据记录，依据数据计算上身与下身的比例。找出比例最接近0.618的照片与其他情况进行对比，并写一写自己的发现。

4. 查阅书籍或查询电脑资料，找出关于0.618黄金比例（黄金分割）的有关图片及在生活中的运用。

5. 与同学讨论为什么穿高腰裤会显得个子更高，看起来身材更美，说说黄金比与艺术的关系。

作业目标：通过"一双高跟鞋"引导学生从数学的角度进行探究与思考，学生依据这一知识，在生活中寻找与黄金比例有关的案例，以此类推，从而回答相关问题，使作业更加"生活化"，让生活更具"数学味"。

作业展示：

一餐饭里的数学知识

惠州市中洲实验小学　党珍珍

知识内容： 对搭配、优化、比例、百分数等知识的运用。

布置时机： 六年级。

作业设计：

从给出的相关资料中选择一组数据，从数学的角度对"一餐饭"进行合理安排与搭配。

资料一：

午餐时间合计1小时	煲饭40分钟	洗菜8分钟	切菜4分钟	洗肉5分钟	切肉10分钟	炒菜一荤一素13分钟	洗碗筷8分钟
请在下方记录最优化的午餐时间安排。							
第一步：							
第二步：							
第三步：							
第四步：							
第五步：							
第六步：							

资料二：根据营养与饮食学院的数据，12岁男生每天需要热量约2 300~3 000卡路里的热量，女生则需要1800~2400卡路里。一日三餐的热量摄入比大约应是：30%（早）+40%（午）+30%（晚）。请根据下面的内容进行午餐的搭配。

层级	第一层	第二层	第三层	第四层	第五层
类别	谷薯类食物	蔬菜、水果类食物	鱼禽肉蛋等动物性食物	奶类、大豆和坚果	烹调油和盐
每日摄入量	300~400 g	（蔬菜）500 g（水果）300 g	约200 g	约300 g	盐<6 g油25 g

食物	米饭	牛肉	猪肉	鸡肉	鱼肉	冬瓜	生菜
质量	100 g	100 g	100 g	100 g	100 g	100 g	100 g
热量	120 kcal	100 kcal	145 kcal	119 kcal	92 kcal	11 kcal	12 kcal
食物	番茄	虾仁	四季豆	鸡蛋	猕猴桃	香蕉	苹果
质量	100 g	100 g	100 g	1个	100 g	100 g	100 g
热量	18 kcal	85 kcal	30 kcal	70 kcal	53 kcal	90 kcal	52 kcal

我的午餐安排：

类别	主食	菜品一	菜品二	菜品三		
菜品名						
热量						

（按照自己的实际情况填写，多余的表格可不填写，不够表格自行添加）

完成时间：周末。

作业目标：六年级学生在学习了搭配、优化、比例、百分数等知识后，可以通过此项作业对相关知识进行复习、巩固，提升应用意识，提高生活质量。

作业展示：（略）

神奇的莫比乌斯带

惠州市中洲实验小学　党珍珍

教材内容：北师版小学数学六年级下册"数学好玩"。

布置时机：中、高年级的学生都可以在假期进行一次对此知识的简单探索。

作业目标：

1.认识莫比乌斯带，使学生会将长方形纸条制成莫比乌斯带。

2.思考、发现并验证莫比乌斯带的特征，体验"猜想、验证、探究"的数学思想方法。

3.感受"神奇的纸环"的神奇变化，进一步激发学生学习数学的兴趣。

作业设计：

1.准备剪刀、水彩笔、双面胶和若干长方形纸条。

2.取其中一条长方形纸条，把纸条扭转180°后，将两端粘贴起来做成纸环。从连接处开始画线，你发现了什么？

3.如果你沿着画好的中间线剪开，剪开后，你又发现了什么？请把你的发现记录下来。

神奇的莫比乌斯带	
第一次发现	
第二次发现	
生活中的应用	
带来的收获	

设计意图：①莫比乌斯带可以给人带来无尽的遐想，学生经过体验不同层次的探究活动，体会莫比乌斯带的神奇，充分感受数学来源于生活，并应用于生活。②提升了学生的动手实践能力，激发了学习兴趣。

作业展示：（略）

小小室内设计师

惠州市南坛小学　黄莉　惠州市中洲实验小学　党珍珍

教材内容：北师版小学数学六年级下册"数学好玩"。

布置时机：在学习了"比例""图形的运动""正比例与反比例"知识后，布置此实践作业。

作业目标：

1. 综合运用图形与位置、测量、比例等有关知识绘制自己家的住房平面示意图，提高解决实际问题的能力。

2. 通过设计活动方案、动手测量自己家住房及绘制自己家住房的平面图并展开交流，培养学生实际操作能力和实践活动能力。

3. 在活动中，感受数学与现实生活的密切联系，从而认识数学知识的价值，激发学习数学的兴趣。

作业设计：

1. 绘制自己家住房平面图的活动方案。

2. 动手绘制自家住房平面示意图。

设计意图： ①经过测量、记录、绘制房间图，学生对图形位置、比例应用等知识进行巩固练习，更进一步体会数学来源于生活，以及生活中对数学的应用。②绘制自己的房间，不仅可以增强学生进行实践的兴趣，房间不会太大，也方便学生个人的实际操作。

作业展示：

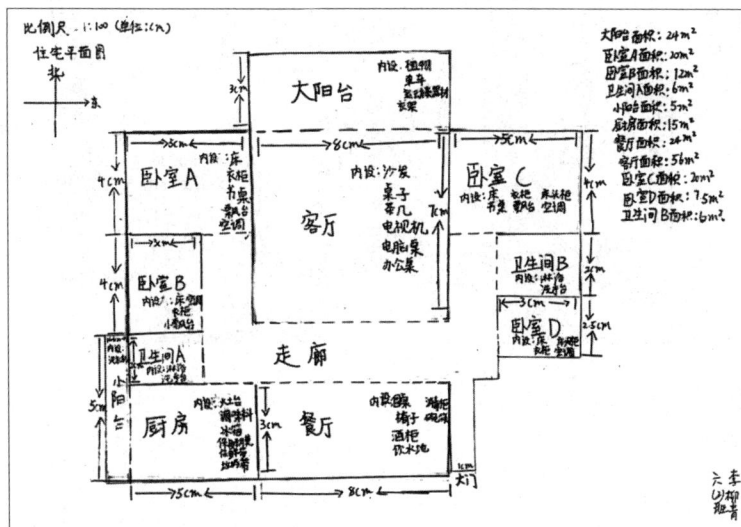

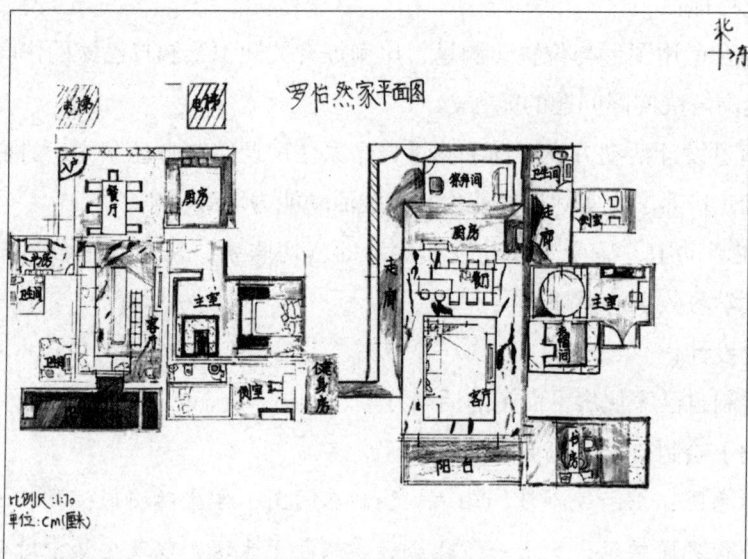

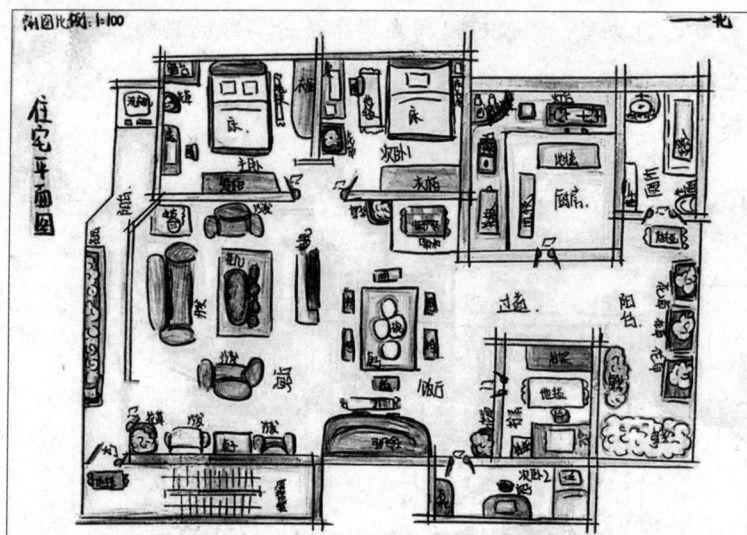

附 录

小学生数学作业情况调查问卷及分析

惠州市南坛小学　黄　莉　惠州市中洲实验小学　党珍珍

　　数学作业作为教师与学生交流、沟通与反映的平台，是一项亟待开发和利用的教育与教学资源，是学生学习成果的个性化展示，反映了学生对相关数学知识的阶段性认知、理解及应用的水平或程度。小学数学作业是学生展示自我表达能力、构建知识网络、探索与发现数学微妙和规律、展现知识创新的舞台和土壤，为教师了解学情、了解自我课堂教学得失，为后续教学调控进程、改良教学方法与策略，提供最直接的依据，是数学课堂教学的补充和延续。

　　实践调查设想：为了了解小学生的数学作业现状，课题组对所在学校的学生进行了数学作业情况问卷调查，并分析其形成原因、制定实施有效的策略。

　　实践调查的具体目标：①了解课题组成员所在学校（包含城市、农村等片区）当前的数学作业现状，即数学作业布置的真实情况。②整理统计数据，透过现象对暴露的问题进行深入的分析，探究原因，进行反思，提出合理的建议和对策。③为落实"双减"政策，更新作业设计理念，开展课题研究，设计"弹性而有效的数学作业"提供科学依据。

　　现将调查情况报告如下。

一、调查时间

2021年6月到2021年7月。

二、调查对象

课题组成员所在学校的部分学生。

三、调查方法

（一）问卷调查法

制订《小学数学作业情况问卷调查表》，并向课题组成员所在学校的部分学生随机发放问卷，根据问卷结果了解当前小学数学作业的现状。

（二）访谈法

列出了小学数学作业当前存在的问题，对部分学生进行深入访谈，发现当前小学数学作业存在的问题，并寻求解决问题的办法。

四、调查问卷

亲爱的同学，数学作业在我们的日常学习之中必不可少，而且起着举足轻重的作用。为了了解你的数学作业情况，请你根据个人的实际情况，认真配合这次调查，把与你的实际情况相符的选项填写在括号里。问卷不需要署名。谢谢你的支持与配合！

1. 你在班里的数学成绩是怎样的？（   ）

A. 优秀　　　　　B. 良好　　　　　C. 合格　　　　　D. 待合格

2. 你喜欢做数学作业吗？（   ）

A. 喜欢　　　　　B. 不喜欢　　　　C. 无所谓

3. 你认为现在你的作业量：（   ）

A. 太多　　　　　B. 适宜　　　　　C. 太少

4. 你认为现在你的作业难度：（   ）

A. 太难　　　　　B. 适宜　　　　　C. 太容易

5. 你每天要花多少时间做作业？（   ）

A. 少于30分钟　　B. 30~60分钟　　C. 60分钟以上

6. 你能按时上交家庭作业吗：（   ）

A. 能　　　　　　B. 基本能　　　　C. 经常不交

7. 你是如何完成作业的？（   ）

A. 独立完成　　　　　　　　B. 抄袭别人作业

C. 在别人协助下完成　　　　D. 同学间共同研究完成

8. 你觉得老师布置的作业形式怎样？（　）

A. 大部分类型都一样　　　　B. 偶尔有区别　　　　C. 经常有区别

9. 老师所留作业的内容主要是（　）

A. 重复性的训练作业　　　　　　B. 难易适中、有层次、阶梯型

C. 介于A、B之间　　　　　　　　D. 很随意，没什么目的性

10. 你希望数学家庭作业难度（　）

A. 比较有趣　　　　　　　　　　B. 和课堂作业差不多

C. 想一会儿就能够做出来

11. 你是否觉得数学作业越多，成绩会越好：（　）

A. 是　　　　　　B. 不是

12. 你完成作业的态度是（　）

A. 非常认真　　　B. 比较认真　　　C. 不认真

13. 在碰到较难的数学作业时，你会选择：（　）

A. 一个人解决　　　　　　　B. 和同学合作完成

C. 请教家长或老师　　　　　D. 放弃

14. 你喜欢哪几种类型的数学作业？（多选题）（　）

A. 课时作业　　B. 计算　　　C. 应用题　　　D. 数学摘抄

E. 手抄报　　　F. 数学游戏　　G. 小制作　　　H. 数学日记

五、调查结果

通过问卷调查法，开展小学数学作业的现状调查，分析成因并形成调研报告，以下是主要问题的调查结果。

（1）你每天要花多少时间做作业：

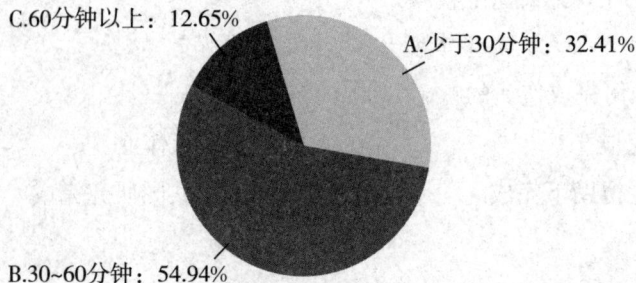

C. 60分钟以上：12.65%　　　A. 少于30分钟：32.41%

B. 30~60分钟：54.94%

（2）老师所留作业的内容主要是：

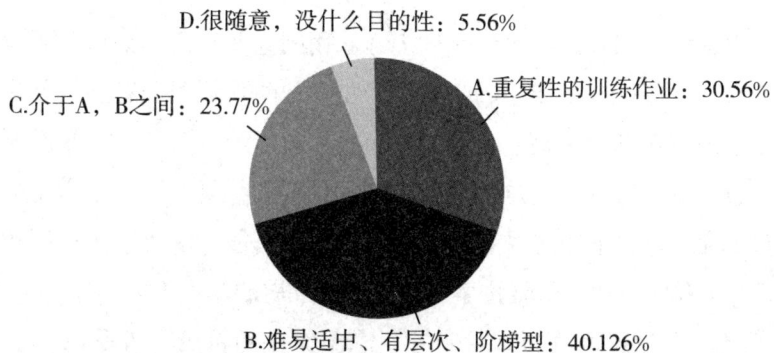

D.很随意，没什么目的性：5.56%

C.介于A，B之间：23.77%

A.重复性的训练作业：30.56%

B.难易适中、有层次、阶梯型：40.126%

（3）老师布置的作业形式：

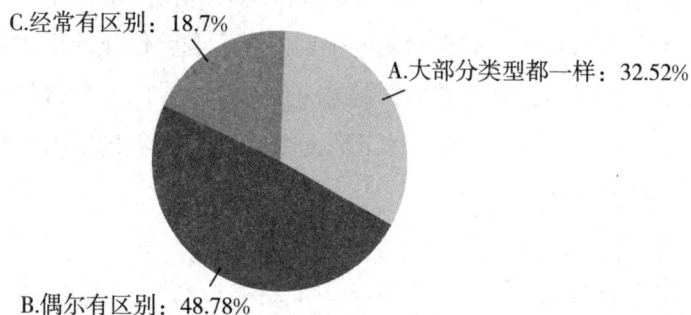

C.经常有区别：18.7%

A.大部分类型都一样：32.52%

B.偶尔有区别：48.78%

（4）你喜欢哪几种类型的数学作业？（多选）（   ）

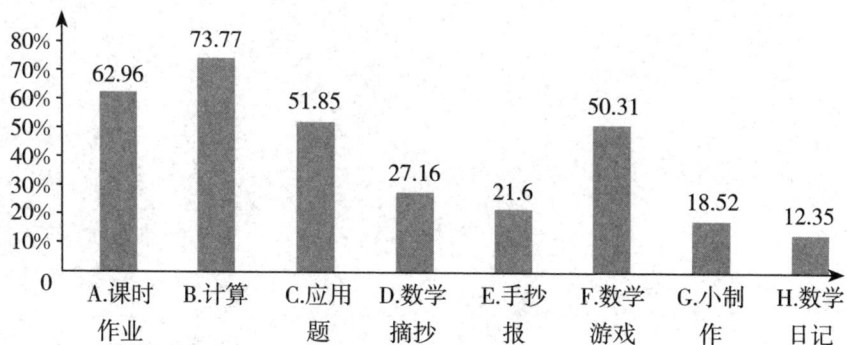

类型	百分比
A.课时作业	62.96
B.计算	73.77
C.应用题	51.85
D.数学摘抄	27.16
E.手抄报	21.6
F.数学游戏	50.31
G.小制作	18.52
H.数学日记	12.35

六、调查报告分析

课题组教师在调查、实践的基础上，采用问卷调查法、访谈法了解小学数学作业现状、并分析其形成原因。梳理出小学数学作业目前存在的问题：小学数学作业普遍存在机械重复作业太多，布置作业形式过于单一，缺乏开放性、趣味性，布置作业时统一规定作业的内容、难度和数量，不注重学生的认知水平差异和个性差异；缺乏思维参与，忽视学生的潜能，缺乏自主性问题，不注重学生思考过程的表达，对促进学生核心素养发展的作用不大。

通过问卷，课题组教师进行问题反思。作业的目的不外乎两个：一是通过练，让学生掌握并加深理解学过的课堂知识；二是运用学过的知识，融会贯通，举一反三。所以，作业的设计应当形式多样，并留有思考的余地，给学生以想象的空间。因此，教师设计作业，既要顾及作业的一般作用与功能，更要注重学生主体作用的发挥，尊重学生的个别差异，调整作业的形式与内容，从多维角度去设计作业，让作业"活"起来，使每个学生的个性得到充分发展，学习能力和知识水平都得到提高，真正促进学生核心素养的发展。此调研为课题研究提供了翔实的数据参考。

小学教学优秀论文集锦

基于核心素养的小学生数学课外阅读能力培养

惠州市第十一小学金榜分校　姚冬梅

《义务教育数学课程标准（2011年版）》指出：要注重学生诸多能力的培养，其中包括数学阅读能力、数学应用能力和数学探究能力培养。如何实现这一课程培养要求是小学数学教师值得研究的课题。如何有效地开展数学课外阅读，提升学生的数学学科核心素养呢？我校数学科组以课题"基于核心素养理念下小学生数学课外阅读能力培养的实践研究"为立足点，依托学校每年的读书节活动，从学生的角度出发，针对小学生数学课外阅读能力培养策略方面进行深入探讨。

一、选择优秀的阅读素材

如何选择数学课外阅读读本？我校数学科组课题组教师首先将阅读素材的选择定位为"生自选，师帮扶"。小学生因年龄小，教师要根据小学生的阅读兴趣、阅读水平等来帮助他们选择。将数学课外读本的选择概括为"趣、广、适"，趣是有趣，广是广泛，适是合适。我校数学科组首先做好三件事：选好书、选准书、选对书。选好书首要考虑内容要丰富多彩，如经典类、名著类。其次是不同版本和印刷形式——注音、绘本、图文结合、古典、英文等。选准书主要考虑以教科书目录为基准进行拓展。我校数学科组以教材中某个知识点为基点向相关联的内容延伸拓展的内容罗列为：数学发展史、数学家简介或数学家的故事、数学名题或趣题、带数学元素的童话故事、数学游戏等，如六年级学习"圆的周长和面积"后可进行拓展：古今中外圆周率演变简介，数学家祖冲之的传记性故事扩展等。选对书要考虑书的作者、好的出版社和译作者，有利于培养学生高雅的艺术审美能力和陶冶情操，选择适合孩子欣赏口味的书。

除了传统的书籍阅读，教师也可介绍国内外知名阅读网站："萤火虫"读书会、亲近母语网站、小书房儿童文学网、蒲公英儿童阅读推广网、红泥巴读书俱乐部、毛虫与蝴蝶、蓝袋鼠亲子文化网等供学生选择。

二、引导学生掌握有效的阅读方法

开展数学课外阅读时要充分考虑学生的年龄特点和心理需要，允许学生个体差异的存在，教师在指导学生课外阅读过程中要找准学生阅读的最佳切入点，激发起学生阅读兴趣，在指导学生掌握阅读方法的同时让学生选择合适的阅读方式（朗读与默读、略读与精读、全读与分读），提高阅读能力。

（一）书上画批

要养成学生"不动笔墨不读书"的习惯，在学生进行数学课外阅读时在书上用自己喜欢的方法进行画批。阅读除了用眼浏览，还要口、手、耳、脑等多种感官协同参与。学生在阅读数学课外读物时，需要独立思考，必要时准备笔和纸，写写、算算、画画，进行一些必要的计算和推导，这样边读边想边算，比单纯的阅读更考验学生良好的阅读意志品质，不少学生阅读时缺乏独立阅读、独立思考的能力，看数学课外书只追求故事情节。通过书上画批，促使学生在阅读中思考、在思考中阅读。书上画批可以是写批注、做摘抄、写随感。读是感的前提和基础；感是读的延伸和拓展。书上画批是数学阅读的有效策略，教师要引导学生寻找"批注点"进行数学阅读时画批，画批点可以是阅读空白之处、独特思考之处、思维困惑之处……在画批时，可以让学生摘录重要内容贮存在自己的"每周一读"之中；可以一边阅读一边圈画批注自己的感想和观点；可以把自己阅读作品后的心得体会摘录下来，形成读后感；还可以概括作品的主要内容。数学课外阅读画批是学生个性化数学阅读的具体体现，是对阅读内容的全面分析、深刻理解。无论他们将来从事什么职业，养成"我阅读，我思考"的好习惯，学会数学思考都会使他们终身受益。

（二）创意故事的改编或续写

数学课外读物是一道丰盛的数学大餐，让孩子们在阅读数学故事的过程中养成"我阅读，我思考"的好习惯，让学生了解数学知识的来龙去脉，了解数学家的成长故事，了解数学在生活中的广泛应用。在数学阅读的过程中，教师可组织学生进行数学故事的改编或续写。改编或续写的时候先确定数学故事的原意，然后在故事原意的基础上想象数学故事的发展情节，接着进行创作。这样的改编或续写在读懂原来数学故事的基础上，以原来数学故事的结局为起点，展开充分的想象与联想，做到有理有据、生动有趣，力求编出的故事在原来情节的基础上有所发展和变化。

在读书节活动中我校数学科组组织四到六年级学生根据课外阅读的内容进行创意故事改编或续写，其中三、四年级学生以改编童话故事，让学生通过改编数学小故事、数学游戏等去发现数学中的美；五至六年级学生改编或自编故事，体现数学在生活中的应用，突出趣味性、合理性。

（三）数学绘本

数学绘本以其独有的图文并茂、浅显易懂的特点，深受小学生的欢迎。在阅读中引导学生绘制连环画是数学课外阅读的有效策略。由于数学课外读物编写的逻辑严谨性及数学"言必有据"的特点，在课外阅读时，学生要对文章中的名词术语、图表进行细致的分析，领会其内容和含义。绘本中的图画和文字相互衬托，共同叙述一个数学故事。绘本借助一幅幅具体生动的画面，展现学生眼中的数学世界，从而激起了他们对数学的强烈好奇心和求知欲。绘本的图，夸张而充满童趣；绘本的文字，简洁而意犹未尽；绘本所展示的情节，曲折生动，引人入胜。绘本描述的故事具有形象、有趣、直观，有着丰富的内涵，给孩子们提供丰富的想象空间。数学连环画通过简洁的线条概括、生动的故事情节、夸张的人物或动物图案，有利于学生深入理解数学故事的内容，在绘制数学连环画中理解数学、感受数学，促进学生数学思维的发展。

（四）数学故事展演

数学故事展演是班级进行阅读活动时，将学生分成若干小组，以数学故事为线索展开的表演活动。学生根据数学阅读内容和情节，通过角色扮演，运用语言、动作和表情进行展演，表演是手段，故事才是核心。在课外阅读课中，我校数学教师在学生自主阅读后引导学生采用展演的方式进行交流，在展演的过程中，学生将阅读内容进行分解和内化，通过表演的形式呈现出来，在展演的过程中加深对阅读内容的深入理解。通过小组的展演，促进学生在理解故事后，用自己的语言和动作将故事进行呈现。在小组表演中，有分工还有合作，真正引导学生在积极思考中形成对数学故事的深入理解。学生通过数学课外阅读，可以从书中领悟数学知识或数学思想，可以受书中的内容启发而引起思考，可以因读书而激发学习数学的信心和理想等。学生在数学课外阅读后以故事展演形式分享自己的阅读感受，促进学生对数学的感悟，在不断地思考中提升学生的数学思维能力。数学故事展演为学生提供了一个倾诉情感、表达思想、促进交流的平台。学生可以通过这个平台反思自己的阅读，从而回顾解决问题的历程，理顺自己的思路，思考自己在学习过程中尚有哪些疑难未解决。

三、激发学生高度的阅读热情

数学教师应该激发学生的阅读兴趣，学生有了阅读的兴趣，就会从内心深处对阅读产生主动需要，变"被动读"为"主动读"，变"要我读"为"我要读"。我校数学科组通过大量的数学课外阅读活动，让数学发展史、数学家简介或数学家的故事、数学名题或趣题、带数学元素的童话故事、数学游戏等内容拓宽孩子的视野，对数学课堂学习裨益不少，既丰富了学生的知识，激发学生学习数学的兴趣，又提高了学生的理解能力、分析能力、综合能力，促进学生学习方式的有效转变，使学生对数学感兴趣，从而爱上数学课。

（一）营造氛围，创造校园"阅读活页"

每年我校都会在全校营造浓郁的读书氛围，让校园的每个角落都成为学生阅读的活页：每个班级的走廊和每个楼梯口的转角处（方便学生能随时拿到书籍）都有一个书架，上面整齐地摆放着各类书籍。科组的老师利用丰富的网络资源和阅览室的图书资源，查找适合各年级阅读的书目推荐给学生阅读。

（二）设置数学墙报，搭建广阔的阅读平台

各班在教室里的墙报上开设一块"数学角"，墙报内容丰富多彩。在教学中教师结合课堂教学内容，引导学生阅读丰富的数学课外材料，在教学中重视挖掘教材与课外读物有联系的因素，教师尽量找与本单元内容相关的小文章让学生阅读，阅读材料不仅要趣味性浓，并且要贴近学生生活，给学生提供互相学习、互相督促的平台，起到互相激励、互相欣赏、互相鞭策的作用。

（三）借助互联网等，丰富阅读内容

教师指导学生在课外阅读数学书籍和浏览数学网站，不但能扩大学生的知识面，更重要的是能够培养他们的自学能力，学会通过阅读来探求数学奥秘。

我校每年的科技艺术节和读书节开展丰富多彩的阅读活动，让师生"寓教于乐""寓学于乐"，尊重学生的个性特点，全面激发和调动学生的多元智能，丰富数学涵养，提升数学能力，让学生拥有良好的阅读习惯和独特的个性思维方法。

四、制订科学的阅读评价

数学课外阅读要关注学生的阅读态度、习惯、能力，教师应及时对学生的阅读进行评价，评价以鼓励、表扬等积极的评价为主，不仅体现在课外阅读的量上，也体现在课外阅读的质上。科学的评价让学生提高阅读课外读物的积极性，提升学生的阅读能力。我校每年读书节都会开展丰富多彩的读书活动，活动的形式主要有阅读漂流、创意故事改编、读书笔记（剪贴本、摘抄型、提纲型、感想型、评价型）展评、手抄报比赛、制作阅读卡片、评比阅读星、读书交流会，每班建立班级图书角，每周安排集体阅读时间，展览学生阅读时做的笔记、读书卡等。在学生课外阅读的评价及管理上家长的重要作用不言而喻，每年读书节我校都会积极推动"亲子"阅读，努力争取家长在课外阅读指导活动中的全力支持，并向家长发送孩子在学校读书活动中取得成绩的喜报，把学校、教师对学生课外阅读的管理和家庭中家长对孩子的管理有效地结合起来。

以下是我校课外阅读记录卡和课外阅读登记表。

数学课外阅读记录卡

姓名：　　　　班级：　　　　阅读时间：

1. 读物名称：作者：

读物的类别：□童话故事□名著□科普□卡通故事□其他

2. 我读懂的内容：

3. 推荐理由（精彩片段、人物点评、感受体会等）：

4. 我的创意（续集、改编、绘画、和主人公对话等）：

5. 家长打分、感言：

数学课外阅读登记表				
年级： 姓名：				
序号	书名	阅读时间	推荐指数	家长签字
1				
2				
3				
4				
5				
6				
7				
8				
9				
10				
11				
12				
13				
14				
15				
总计				

　　数学课外阅读可以开阔眼界、增长见识，对课堂学习裨益不少，数学课外阅读是数学教学中不可缺少的一部分，在指导学生课外阅读时，教师也要身体力行，多阅读，做播种幸福阅读的推广人，当学生课外阅读的引路者。教师在教学中应该倡导学生阅读数学课外书，重视学生数学课外阅读指导，爱上数学课，达到享受数学的目的，也使学生开阔视野、陶冶情操、促进文化积累、发展数学素养。

参考文献：

[1]蔡金法.中美学生数学学习的系列实证研究——他山之石，何以攻玉[M]，北京：教育科学出版社，2007.

［2］宋君.数学阅读促进学生智慧学习［J］.江西教育：教学版（B），
　　2018（8）：1.

［3］沈菊萍.对中学生数学阅读能力培养的实践研究［J］.数学学习与研
　　究，2010（12）.

［4］弓爱芳.数学阅读及数学阅读能力培养的研究［D］.武汉：华中师范
　　大学，2006.

［5］房元霞，姜晶，王艳华.加强数学阅读指导，培养学生的数学自学能
　　力［J］.曲阜师范大学学报，2008，34（3）.

（此文荣获2019年广东省优秀教学论文评比二等奖，并发表在《数学之
友》2020年第12期）

新课标背景下小学数学核心素养培养的思考和实践

惠州市光彩小学　　詹国娣

小学是学生学习的关键时期，学生的智力、各方面能力尚处于发展时期，教师应为其奠定坚实的基础。在小学教育中数学是最基本的科目，对数学知识的掌握程度直接影响着学生的学习和发展。数学是注重理性和逻辑性的科学，因此，要使学生掌握数学基础知识，就必须提高他们的核心素养。

一、新课标背景下提升小学生数学核心素养的原则

（一）动态原则

学生的发展是一个不断变化的过程，其基础数学能力也需要不断积累。在数学核心素养的培养上，教师要坚持动态性的原则，依据学生的心理、认知水平等因素，制定相应的数学基础能力培养目标。另外，学生在获取数学知识和技巧的能力上也有一定的差别。在此背景下，教师在教学过程中要遵循由易到难的原则，要科学安排教学内容，注意转变教学方式和评价方式，体现教学过程的动态化。

（二）实践原则

学生的数学素养的形成和发展在很大程度上依赖于他们自身的基本知识和能力，而小学生由于自身的思想水平比较低，知识的学习很容易脱离实际，只有通过大量的实践才能将知识与技术内化。因此，在教学过程中，教师要根据学生的个人特点和学习进度，创造适当的学习和实践情境，让他们对数学核心素养有一定的了解，并为他们提供更多地运用数学知识的机会。

（三）综合原则

在对学生的数学核心素养进行评估时，教师要从整体的角度出发，不仅要考查学生的知识和技巧，还要考虑到学生在问题解决中体现的情感、态度和学科理念。各专业的核心技能各有其学科特色，但也存在一定的交叉。因此，在培养学生的数学基础上，必须在教学中设计综合性的情境教学，并将其他学科知识、技能与文化相融合，从而使学生的综合素质得到提高。

二、新课标背景下提升小学生数学核心素养的策略

（一）创设教学情境以提高学生的学习兴趣

小学生的智力发育速度很快，但是他们对世界的认识还不够透彻，对周围的一切都充满了好奇心。教师要充分发挥学生的这种心理特征，运用情境教学法，使其对数学产生浓厚的兴趣，从而达到对数学学习的初步认识。情境教学是教师在课堂上通过营造情境来引起学生注意的一种教学方式。在创设情境时，要注重选取与学生生活密切相关的情境，给予他们实践和联系的机会，并在实践中培养他们的数学核心素养。例如，在学习北师大四年级下册"认识方程"时，教师可以在课堂上创造文具店的简易情景，让同学进行角色扮演去购买和出售这些文具，并在这个过程中设置相关的方程问题让同学们解答。这样的教学方式既可以使学生产生学习积极性，又可以培养他们的数学思考能力。

（二）协作式探究，提高学生数学建模能力

培养学生的数学模型能力，是帮助学生建立数学与外界的桥梁，同时也是拓展学生数学理论知识和运用的一种有效途径。数学建模能力的一个重要方法就是让学生亲身体验，从数学的角度去发现和思考问题、对实际问题做出结论、对结果进行检验和改善。在教学中，要使学生的数学建模能力得到有效的

提高，须将亲身体验与合作探究方法相结合。一方面，要促使学生以更加积极主动的面貌参与到数学学习中，使学生的自主性和主体性大大提高。另一方面，通过合作探究，它能够提高学生的想象力和建模能力，使其更好地了解和理解数学，并使他们的数学运用和创新能力得到加强。例如，在教授北师大版六年级下册"圆柱的表面积"这一课时，由于学生对圆柱体的特征非常感兴趣，教师可以组织他们以小组为单位寻找、讨论、总结圆柱体的特性。之后，教师可以组织学生自己制作圆柱纸筒，并通过测量相应的数值引导学生得出圆柱的表面积的求解方法。这样的学习不但可以让学生了解和掌握圆柱体的特征和表面积计算方法，还可以增强学生的想象建模和知识迁移能力，提高他们的比较、推理等数学技能。

（三）设计数学游戏，提高学生的运算能力

在数学的学习和应用中，运算是其基础环节之一，所以要提高学生的数学核心素养，必须对其进行数学运算的训练。在以往的数学课堂中，教师的教学方法缺乏创新和趣味，使许多学生感到乏味，缺乏对数学运算的兴趣。这是教师在提高学生运算能力的过程中最大的问题。在此基础上，教师要充分考虑到学生的需要和兴趣，结合具体的数学教学内容，组织趣味活动。例如，在教师带领学生学习北师大三年级下册"乘除法运算"时，可以组织同学们一起玩"拍七令"，让同学们数到七或七的倍数不说出来，而是拍拍下一个人。通过这种方式，能给学生创造一种愉快的学习气氛，提高学生学习数学的主动性，强化其数学运算能力。而且游戏化的教学使数学教学更加丰富多彩，能够培养学生的综合能力，达到在游戏中完成教学的目的。

三、结语

总的来说，学生数学核心素养的培养是一个漫长的过程，并不能一蹴而就。因此，在这一背景下，教师应注意教学观念的转变，确立明确的核心素养培养指导思想，为学生制订更为完善的学习计划，对学生的问题给予耐心的回答，并结合教学目的和现实情况，运用多元化的教学方法，从多个方面对学生进行数学核心素养的培养。

参考文献：

［1］陈新.新课标背景下有效培养学生数学核心素养的策略［J］.家长，
2022（9）：96-98.

［2］范莉.新课改背景下小学数学核心素养教学策略研究［J］.家长，2021
（15）：107-108.

［3］倪丹丹.新课标背景下提升小学生数学核心素养的研究［J］.理科爱好
者（教育教学），2020（5）：223-224.

（此文获2022年惠城区优秀论文评比三等奖，并发表于《中国教师》2022
年第19期）

小学数学课堂情境教学研究

惠州市仲恺高新区第四小学　钟惠娟

一、小学数学课堂情境教学的意义

数学新课程标准指出：数学教学要创设各种情境，为学生提供从事数学活
动的机会，激发对数学的兴趣，以及学好数学的愿望。北师大版数学教材，以
情景串引发问题串的特点，为教师的教学提供了丰富的情境资源和研究空间，
使教师在课堂上真正教授有价值的数学。

二、小学数学课堂情境教学的现状

通过对课堂情境教学现状进行分析，总结出小学数学课堂教学中存在的
问题。

（一）为了情境而创设情境

在实际的教学研究中发现，很多教师听说课堂上要创设学生熟悉的具体情
境，就会硬搬情境，而不是从学生已有的知识经验和基础出发，创设有利于学
生学习这一课内容的情境。

（二）创设的情境过于简单

教师创设的情境就只是一张图片、一段文字就直接导入本节课的内容，这样创设不但没有起到激发学生学习兴趣的作用，而且久而久之学生也会对教师的教学失去兴趣，甚至产生厌学的情绪。

三、小学数学课堂教学创设情境的方法

（一）营造生活化情境，让学生在生活中学数学

大家常说：数学来源于生活，创设学生熟悉的生活情境，不仅可以从最开始让学生感受亲切，让学生进入课堂，而且有利于学生感受数学来源于生活，并应用于生活。

例如，在"买文具"的教学中，可以这样创设情境。师："同学们，快来看呀，这是什么文具店？（学生回答这是我们身边的沥林中心书店。）沥林中心书店里来了新的产品正在促销打折：黑笔2元一支，红笔3元一支，大笔记本12元一本。老师这里只有60元，请你帮忙想想，如果用这60元可以买多少本大笔记本呢？"这时根据学生的回答引出今天的课题（师板书课题：买文具）。买完大笔记本后，学生可能会提出：如果用60元买黑笔，可以买多少支呢？又可以买多少支红笔呢？然后整节课同学们在买文具的氛围中，一起帮教师解决其中遇到的问题。

通过这样的设计，可以让学生感受到"数学就在身边"。

（二）创设故事化情境，让学生在故事中学数学

小学生对故事比较感兴趣，在课堂教学中，我们可以根据学生的这个特点，创设相关的故事情境，让学生在故事情境中学习。

例如，在教学"分数除法（一）"课时，可以这样设计：

同学们，请看PPT。钟老师和我们班的班长平均分4块巧克力，平均每人 $4 \div 2 = 2$（块），如果把4块巧克力变成 $\frac{4}{7}$ 块巧克力，那钟老师和班长平均分到多少块呢？以前我们只学过整数除法，现在遇到分数除法，该怎么计算呢？你们愿意帮他们解决吗？（生答愿意。）通过创设这样的一个情境，围绕情境中的问题，将同学们带入一个有思考的环境中，从而引出今天学习的课题（板书

课题：分数除法（一）——分数除以整数）。在平均分完 $\frac{4}{7}$ 块巧克力后，钟老师和班长准备美味的品尝时，副班长来了，他说"你们在品尝美味的巧克力，我也想要分一份"，那 $\frac{4}{7}$ 块巧克力怎么平均分成3份呢？

通过学生熟悉的钟老师、班长和副班长表演的情景剧，学生在有趣的氛围中发现问题并且思考问题，也让学生感受到在学习数学的过程中也可以是有趣的。

（三）设计操作化情境，让学生在操作中学数学

"动手做"理念指出：听会忘记，看能记住，做才能理解。作为一名教师，我们在教学中可以设置一些让学生操作的活动，比如用学具摆一摆等等，多给孩子提供动手操作的机会，锻炼孩子的思维能力。

例如，在"优化"教学中，笔者没有直接和学生说今天的学习内容是什么，而是像变魔术一样，从无到有，趁大家不注意的时候，从讲台下面拿出一套迷你版的泡茶工具，包括水壶、茶杯和茶叶。有学生马上反应过来："老师，你要请我们喝茶吗？"笔者一笑："可以呀，不过你们要先完成挑战，然后才能舒服地叹茶哦！"然后很自然地引出泡茶的主题图：沏茶的六个步骤和分别需要的时间，然后马上抛出一个问题给学生："现在我们要沏茶喝，怎样安排这些步骤可以节省时间，然后尽快地喝上茶呢？"

通过学生熟悉的泡茶用具和茶叶激起学生的学习兴趣，动手试试怎样安排泡茶的步骤可以让老师尽快喝上茶，从而可以让学生更快地融入本节课新知识的探究之中。

后面再进行一系列的操作活动：①摆一摆：用沏茶6个步骤的纸质学具排一排序。②算一算：你能算出你设计排序所需要的沏茶时间吗？③烙一烙：用圆形纸片代替饼，在桌子上烙一烙。④画一画：你能用表格或者其他数学方式表示烙饼的过程？⑤探一探：在烙饼的过程中，你有发现什么规律吗？

这整一节课中，学生通过动手操作、动脑思考，用眼观察来学习优化的有关知识，真正做到把课堂还给学生！

（四）引入问题化情境，让学生在问题中学数学

问题是思维的出发点，有了问题学生才会去思考，才会去想办法解决。在教学中，教师可以从学生认知结构出发，创设新奇、有趣、富有挑战性的问题情境，把学生置于研究未知的气氛中，使其产生探究新知的欲望。

例如教师在教学"统计"一课中提出了这样一个问题："六一儿童节很快就要到了，咱们班准备开一个美食大会，同学们你们开心吗？"趁着学生热情正高的时候教师提出："咱们要为美食大会做些准备，我们要考虑些什么呢？"同学们就会想到同学们喜欢吃什么，然后买什么，买多少呢？然后同学们都在为美食节准备美食而认真思考着。

通过具体环境提出相关学生感兴趣的问题，但需要注意的一点是提的问题难度要适中，太难太简单或者太空泛不具体都不适合课堂的教学。

（五）采用竞争化情境，让学生在竞争中学数学

根据数学学科特点以及小学生好动、好胜的心理特点，我们可以在课堂上创设一些竞争的赛制，让学生在你争我赶的过程中努力学习，激发学生的战斗力。

例如在教学"分数除法"单元复习课时，教师把复习课设计成了一节竞赛课。创设了分数门派和小数门派争夺数学盟主地位的情境，把全班学生分成2个门派（第一和第二大组为分数门派，第三和第四大组为小数门派），设置加分扣分规则。在课堂纪律方面：大组成员上课遵守纪律、认真听讲、积极举手发言，则加分；若有人违反则扣分。在教学方面，设计四个环节的大比拼。第一回合：分享与交流战，小组派代表上台展示"分数除法"这个单元知识点的思维导图。第二回合：整理与突破战，学生上台汇报课前整理好的易错题和常考题，然后小组派代表上台分享，其他小组补充。第三回合：所想与所悟战，上完这节课，你对复习课有什么新的认识？下一次的复习课你会怎样做？第四回合：提质与增效战，对本节课的内容进行一个课堂检测。

最后结合大组分数，评出哪一个门派才是数学盟主。作为一名小学生，他们都喜欢这种形式，这样学习积极性高，学习效果相应地也会比较好，同时也培养了学生的竞争意识和合作精神。

四、总结

义务教育数学课程标准倡导教师让学生在一定情境下学习数学，体验和理解数学。而实施情境教学可以使学生通过熟悉的、具体的情景更快地进入学习中，让他们以一种轻松愉快的心情学习，同时也培养学生学习的积极性，让其

逐渐学会从数学的角度思考问题、解决问题。

（此文获惠州市优秀论文评比二等奖）

让智慧融入教育，用智慧点亮课堂

惠东县实验小学　王秀莲

开学初笔者通过网络观看了深圳特级教师黄爱华的《万以内数的大小比较》教学视频。在这节课上，黄老师演绎了一节智慧课堂，智慧课堂的效果当时就"雷住了"所有的听课教师，也深深震撼了笔者。名师的"震撼"效应激励笔者不断回味名师的理念和策略，挖掘其中影射的内涵，感悟其中的真谛，努力滤清教育教学改革方向，为小学数学课堂教学改革寻求有价值的教学导向。

新课程改革需要教育智慧，教育智慧呼唤教学智慧，教学智慧期待智慧老师。国家督学成尚荣教授在《为智慧的生长而教》中指出："从知识走向智慧的课堂教学，又是教师和学生规范性生存的一种超越，即从规范性存在走向创造性生存，用智慧和创造来充实、支撑、引领师生们的生存。"如何才能走向智慧的课堂教学模式，不断提高小学数学课教学效益，已成为每位小学数学课教师需要研究和解决的重要课题。小学数学课堂教学，要从情境中孕育智慧、从操作中提升智慧、从实践中凝结智慧。

一、课堂：从情境中孕育智慧

以里弗为代表的研究者认为，智慧是对情境的感知、辨别与顿悟。如果说感知仅仅是感知目前在场的，那辨别力则要求更加精准地抓住情境的特征，里弗研究者还特别指出智慧与情境的关系，智慧在一定的情境中产生，因此，情境的创设对于智慧的生长尤为重要。

笔者在教学"认识小面额的人民币"时，创设"购物"这一日常真实活动情境如下。

【教学片段】

1. 小兔文具店中的购物活动

师：小朋友们自己买过东西吗？今天，我们一块儿到小兔文具店去参加一次购物好吗？（出示课件：文具价钱图。）

问：小兔文具店都给我们准备了哪些文具，价钱分别是多少？

（全班同学自由地说一说。）

2. 示范购物过程

（教师邀请一位小朋友购物。）

师：你想买什么文具？拿了多少钱？

生：我想买一支铅笔共8角钱。（一张5角，一张2角，一张1角）

师：我们看这位同学拿对了吗？

生：对了。（老师给他一支铅笔）

师：还有哪位同学也是买铅笔的，有没有拿钱的方法不一样的？

生：我拿1元钱想买一支铅笔。

师：给你一支铅笔，你满意了吗？

生：老师，你还要补给我钱呢？

师：那我应该补给你多少钱呢？为什么是2角？

……

（教师点拨：揭示1元=10角，渗透数学中的等量交换的思想）

3. 连锁店开张

师：还想买其他的文具吗？我和小兔商量决定在每个小组中开设小兔文具连锁店，小朋友们自己买卖文具。

（1）购物提示。

问：在买卖的过程中我们要注意什么？

教师点拨：提倡购物活动中的文明礼貌，增强学生与人交往的能力，同时渗透爱护人民币的思想教育。

（2）游戏规则。

三人一个小组，其中一人当售货员、一人当顾客，还有一人当柜台组长，柜台组长是做什么的呢？（主要是看顾客和售货员买卖文具时钱付对了没有、找补对了没有？如果对了就奖励他一颗"能干星"）

柜台组长、售货员、顾客轮流当。

这回老师当一名营业部经理，同学们遇到困难尽管找我。

4.分组购物（全班买卖文具的场面）

学习即生活，生活即学习。这是新课标倡导的理念之一。当老师把学生领进熟悉的生活情境和感兴趣的"购物"活动后，学生把自己的生活融入"购物"中去，又与"购物"中的人与事构成的生活进行结合，从而感悟体验生活就更加深刻了，然后再从"购物"中出来，回到生活中去，会勃发出生活与学习的激情，在购物活动中还培养了学生遇事与人商量、想方设法解决问题的好品质，使文本这种静态的语言文字在学生的思维中荡漾起来，变化成动态的画卷，成为充满生命力的学习与生活构件，也从中收获智慧的惬意。

二、课堂：从操作中提升智慧

义务教育数学课程标准指出，有效的数学学习活动不能单纯地依赖模仿与记忆，动手实践、自主探索与合作交流是学生学习数学的重要方式。在数学课堂教学中，有效的动手操作能较好地让学生的大脑处于积极思考的状态；有利于学生思维的发展，有利于学生实践能力、创新能力的培养和智慧的提升。

例如：北师大版五年级上册第二单元"梯形的面积"一课中，核心问题是将梯形问题转化为三角形、平行四边形问题加以解决，体现数学的化归思想，如何渗透这一数学思想呢？传统的做法是教会学生添加各种辅助线。那么，怎样让这些辅助线变得自然而然、合情合理、深入人心呢？最好的办法就是做，笔者给学生提供了多个任意三角形和等腰三角形及剪刀，并在教学进程中布置了以下三个操作题：

1.你能用手中的三角形剪出一个梯形吗？最少用几刀？（分割，意味着梯形可以补成三角形——"割与补"的联系）

2.你能把一个一般的梯形剪一刀分割成一个平行四边形和一个三角形吗？你能将它分割成矩形和直角三角形吗？（分割、化归）

3.你能把一个等腰梯形剪一刀拼成一个与之等积的三角形吗？（割、补）

动手操作容易吸引学生的参与，让学生在课堂上亲自动手试一试，胜过老师一遍又一遍地讲解。我们要改变以往在数学课堂上学生默默观看，教师忙忙碌碌操作演示的被动学习模式。通过动手操作，一堂课下来没有出现"辅助线"三个字，学生获得了梯形转化为三角形与平行四边形的实际经验——那就是割与补。更可喜的是，薄弱学生对这个数学思想方法的掌握也觉得自然而然，没有难度。这种方法上的支持，使知识的掌握与应用变得深刻、扎实和灵活。在操作中体验解决问题的思维策略，感悟数学基本的思想方法。动手操作是提升思维的有效途径，是增长智慧的必经之路。

三、课堂：从实践中凝结智慧

爱迪生说："我从来没有做过一次偶然的发明。我的一切发明都是经过深思熟虑、严格实验的结果。"实践是创新的基础，小学生的思维正处于具体形象思维向抽象思维发展的过渡阶段，动手实践是学生学习数学的重要方式之一。

【片段赏析】

深圳市福田区新洲小学林永荣（黄爱华工作室成员）

课件出示：一个长方形和一个直角三角形（它们等底等高）

师：看到这两个图形，你能想到什么？这两个图形有什么关系？

生：长方形面积是三角形面积的2倍。

生：三角形面积是长方形面积的1/2。

师："三角形的面积是长方形的1/2，或长方形面积是三角形面积的2倍"这句话对吗？（学生互相嘀咕着，很快有学生悟出来了，慢慢地举手的同学多了）

生：不对，这里的两个图形是因为长方形的长、宽分别等于直角三角形的两条直角边。所以是成立的。

师：这位同学回答得很好，如果两者的关系要成立，是需要条件的。

师：假如这两个图形各自沿着AB边旋转一周，会形成什么图形？

生：（用手比画着）圆柱、圆锥。

师：从刚才的假设中你又能想到什么？

生：圆锥体积是圆柱体积的1/2。

生：1/3。

生：1/4。

……（以1/2的人居多）

师：为什么你认为圆锥的体积是圆柱体积的一半？有什么条件吗？

生：因为长方形沿AB边旋转一周得到的是圆柱体，三角形沿AB边旋转一周得到的是圆锥体；而刚才说"长方形面积是三角形面积的2倍"，因此我认为这两个圆柱的体积与圆锥的体积之比是2：1。

师：似乎很有道理。还有其他想法的吗？

……

师：同学们的猜想存在分歧，也不知是对还是错。怎么办？

生：我们可以通过实验来验证哪个结论是正确的呀，从而找到求圆锥体积方法。

师：很好！对于严谨的数学来说，仅仅有估算和猜想还远远不够的，用实验去验证猜想是有效学习方法之一呀。孩子们，动手吧！

（教师为学生提供不同的实验器材。各小组长领取实验器材：有的小组拿到的圆柱和圆锥是等底等高的，有的拿到的是等底不等高的，有的是等高不等底的，还有的既不等底也不等高。）

各小组实验，教师巡回指导。

组织交流。（交流时，教师有意安排拿到等底等高的圆柱和圆锥的小组代表先交流。）

生：我们组在空圆锥里装满水，然后倒入空圆柱里，发现倒了三次就正好装满了，说明圆锥的体积是圆柱体积的1/3。

生：我们组的装法和他们不同，我们先在空圆柱里装满水，然后倒入空圆锥里，发现可以倒三次，说明这个圆柱的体积应该是这个圆锥体积的三倍。

生：我觉得这两种倒法得到的结果其实是一样的，因为圆柱的体积是圆锥体积的三倍，倒过来理解圆锥体积就是圆柱体积的1/3。

生：我们组也是在空圆锥里装满水，再倒入空圆柱里的，但是我们发现倒了两杯多就把空圆柱装满了，三杯根本装不下。

生：我们组正好跟他们相反，倒了三次，还没把空圆柱装满，又装了大半杯才装满。

生：我们组，发现接近4倍。

生：我们往空圆柱里灌水，才灌了两次，就差不多满了，圆柱的体积应该是圆锥的2倍多一点。

生：我们发现圆柱的体积是圆锥的3倍。

生：哈！圆柱的体积是圆锥的8倍！

生：我们发现圆锥的体积是圆柱的1/5。

（结论的不确定，让学生产生了极大的兴趣同时也很迷茫，学生要求交换实验工具进行实验，教师理所当然地满足了他们的要求。几分钟后，学生你看看我，我看看你，谁也说服不了谁）

师：刚才你们讲的都是事实，非常好！现在老师和同学们一样，存在疑惑，怎么会这样呢？为什么会出现不同的实验结果呢？难道问题出在实验工具上？

（各小组把实验用的圆锥、圆柱进行比较）

师：觉得哪个结论最恰当？是1/2、1/3，还是1/4、1/5…？

（学生迟疑片刻后，大多数都回答是1/3）

师：1/3？

生：我们发现当圆柱和圆锥底和高分别相等时，圆锥的体积是圆柱体积的1/3。

师：也就是说，圆锥体积是圆柱体积的1/3？

生：是的，圆锥体积是圆柱体积的1/3。

师：（手拿一个小圆柱和一个大圆锥问）圆锥的体积真的等于圆柱体积的1/3吗？

生：应该加上"等底等高"这一个条件。

……

片段中，教师从三角形与长方形面积之间的关系引入新课，由浅入深、循序渐进，引导学生想象长方形和直角三角形各自绕AB边旋转一周所得到的图形，并以此引发学生猜想圆锥体积与圆柱体积的关系。不仅让学生把平面图形和立体图形建立关联，更加深刻地体会到事物的普遍联系，而且激发了学生迫切要求实验，验证猜想的内在需求。当他们自主地用高与底面同或不同的圆锥和圆柱进行动手操作活动时，自然地引发了关于不同结论的争论，此时学生产生了要进一步操作验证的内在需求。不难看出，学生学得主动，感受了知识的形成过程，促进了学生智慧的凝结。

英国教育学家怀特海说过："教育的全部目的就是使人具有活跃的智慧。"充盈智慧的课堂是以教师的智慧开启学生的智慧，实现效益的最大化，达到师生智慧共生的课堂。"用心灵塑造心灵，用智慧启迪智慧"，这是课改赋予教育工作者的使命。我们应该带着真诚与爱心走近学生、走进课改，带着敏锐与智慧走进课堂，给学生以心灵和智慧的启迪。

参考文献：

成尚荣.为智慧的生长而教［J］.人民教育，2006（3）：7-9.

（此文在广东省小学数学优质教学资源评为优秀作品）

当好班里的"孩子王"

惠州市惠阳区秋长中心小学　叶　宇

在小学教育教学中，班主任的角色可以说是学生的"孩子王"。班主任需要在日常的班级管理中认识到德育教育在促进小学生更好地学习、成长与全面发展的重要意义，还需要将德育教育融入其他学科教学中。因此，小学数学班主任更应当避免或者弥补小学生在数学教学中接受德育教育的不足，注重发挥学生的主观能动性，突出学生的主体地位，引领学生积极主动参与其中，提升德育的成效。

一、挖掘数学教材中的资源，进行德育

在小学数学教学中融入德育，首先要深入挖掘教材中的素材，在课堂上通过引用中国古代数学文化、数学成就、数学著作的相关资源，结合数学名人的经历，以及近现代中国在数学方面取得的突出成就，进行有针对性的德育教育。让学生感受到中国数学文化的源远流长，形成民族自信心与自豪感，建立历史责任感，树立努力学习、为国奉献的思想理念，进而上升到爱国主义教育

的层面，更好地实施爱国主义教育。

例如，在学习完"生活中的数"这一知识点后，可以在班队会上借用一些历史性的故事，让学生知悉古时人们计数的方法，了解数字产生、发展的过程。教师可以向学生普及算盘这一我国传统的计算工具在生产和生活中的广泛应用。在班级布置时可以设计数学名家墙，让学生在课余时间更加近距离地了解数学家。在四年级数学中涉及的"鸡兔同笼"以及在三年级上册"周长"这一课中涉及的"圆周率"等，都是先祖们为我们留下的宝贵的知识遗产。这些知识都充分展现了我国古代人民的智慧结晶，让学生在尊重古人成果的同时，也提升了民族自豪感，树立正确的学习方向与发展目标，培养学生的民族责任心和自信心。

二、根据数学的教学内容，让学生养成惜时的美德

在德育教育中，惜时教育是一项非常重要的教育内容。指导学生学会珍惜时间，培养学生"今日事今日毕"的思想观念，需要从小学阶段就开始。在小学阶段的德育教育中，教师可以根据数学课程内容，布置自主学习与独立规划时间的任务，借助丰富多样的教育素材，引入关于珍惜时间的名言警句，让学生认识到珍惜时间的重要意义，进而提高惜时教育的成效。

例如，在二年级下册"时、分、秒"的教学中，教师可以先利用多媒体播放一些时钟延时加速的画面，让学生感受时钟上指针的飞速转动，感受时间在眼前飞逝的感觉。在此基础上，班主任还可以在班级黑板报上画出可爱的时钟，提醒学生珍惜时间，布置让学生自主制定一日时间规划表的任务，要求学生根据学校的课程与自身的作息情况，写出每日所要完成事件的详细计划表，并要把计划表具体到分钟。在班队会中渗透珍惜时间思想，布置有关珍惜时间感想的绘画，教师可以根据学生的规划、绘画进行评价，帮助学生优化计划表，教授学生如何节约时间，培养学生惜时的思想观。

三、重视言传身教，在言行举止间影响学生

班主任承担着教书、育人这一双重角色，是学生德育工作的指引者。因此，在进行德育的过程中，班主任要做到给予学生真切的关注，不仅关心学生的学习，还要帮助学生掌握一些基本的生活经验，使学生在日常生活中感受到

更多的温暖。由于小学生的可塑性非常强，喜欢模仿他人的动作或行为习惯，班主任需要时刻注意自身的言行举止，重视言传身教的意义。在日常的教学工作与实际生活中，注重培养好学生的学习和生活习惯，如低年级写字姿势、握笔姿势，学会举手回答问题和倾听习惯等都需平时潜移默化地影响学生。

例如，教师应当重视在数学教学中指导学生守时、遵守纪律、诚实守信。在个人表率方面，班主任自己要做到不迟到、不早退、不拖堂，及时批改学生的作业；在诚实守信方面，班主任自身首先要做到"言必信、行必果"，假如班主任答应学生近期会组织一次总结活动，就需要班主任履行承诺；班主任还要注重自身的着装要规整，在进行德育的过程中做到心平气和，当学生出错时不要大声训斥，而是耐心地指导；在布置班级文化时，可以把数学的加减乘除融入班级氛围中，不但有积极的口号，还能感受到数学的趣味。

四、在课外活动中培养学生顽强拼搏的精神

在小学德育教育过程中，每个班主任都有必要定期组织学生参与一些课外竞赛活动，有针对性地培养学生顽强拼搏的精神，助益学生持续进步发展。而且，从现实情况来看，学生的学习和生活中都离不开集体合作以及思想的支撑，发展能够适应终身发展和社会需要的必备品格和关键能力，才能真正在社会上有所贡献，体现自身的价值。由此，实际针对小学阶段学生进行德育教育工作时，班主任有必要适时引导学生进行一些有助于团队合作的课外活动，有效强化学生的集体合作意识，助力学生的综合进步与全面发展。

在平时进行德育的过程中，班主任不能总是机械地进行口头讲解，而应该采用多元、灵活的教学手段来达到预期的德育目标。其中最有效的就是组织一些竞赛活动。例如，班主任举办"你追我赶先锋角"活动，在规定的合理时间内，引导学生尽力完成一项合作学习任务，最终给表现优秀的个人或者团队一定的奖励。在此过程中，几乎每个学生都自然而然地受到了奖励的诱导，激发出了强烈的好胜心，所以积极、主动地投入合作学习任务的活动中，即使遇到了困难也不轻言放弃，努力坚持到底。在活动中学生顽强拼搏、团结奋斗的精神自然就得以养成，凝聚一股积极向上的班级向心力，为他们进行后续的学习奠定了良好的思想基础。

作为小学数学班主任在教学中融入德育，需要根据小学数学教学的素材和

内容进行合理筛选，明确在小学数学中融入德育的优势与不足。教师可以通过深入挖掘数学教材中的德育教育资源；根据数学的教学内容开展多元化的德育教育活动，引导学生积极参与到各项活动中；并重视言传身教的重要性，在言行举止间影响学生，让学生受到潜移默化的影响，从而提升德育的效果，更好地培养学生良好的思想观念与行为习惯，当好班级里的"孩子王"，真正实现立德树人的教育目标。

参考文献：

[1] 王范武.小学数学教学与班主任工作整合策略分析［J］.数学学习与研究，2021（27）：134-135.

[2] 娄莹.分析小学数学班主任德育工作如何展开［J］.中华少年，2020（5）：45-46.

（此文获2022年惠阳区优秀论文评比一等奖）

对小学数学素质教学热的"冷"思考

惠州市惠东县平山第一小学　钟育花

一、将小学数学与现实生活相联系，将数学学习生活化

教育不只是知识的灌输，更是将知识学以致用，解决实际问题，推动社会的发展。因此，小学数学教师要回归生活，将数学与生活结合，实施生活化的数学教学。生活是我们学习知识、应用知识的重要场所，教师要找准切入点，结合小学生的实际生活展开教学。例如，在学习三角形相关的知识时，数学教师不要只是围绕教材内容教学，学生难以迅速理解抽象的数学概念，教师可以启发学生，让学生寻找身边的三角形并思考为什么三角形会应用到这些环境中。经过教师的启发，学生开始积极讨论起来，有的回答："晾衣架是三角形的、自行车的稳固构造、农村的房梁、起重机的三角形吊臂……"教师又问学生："为什么这些物品会采取三角形的构造呢？"学生经过思考回答："因为三角形更加稳固呀！"从这个案例我们可以看到，结合现实生活展开教学有利于激发学生的数学学习热情，帮助学生内化数学知识，引导学生将知识应用到生活中解决实际问题。

二、自主探究，活动引入，将数学学习生活化

如教学"不规则物体的体积"时，笔者创设自主探究的学习氛围，在班内成立若干学习小组，在教师宣布了实验任务后组员们便积极行动起来。在经过一段时间的动手实践后，开始汇报研究成果。有的组员说："把土豆放入盛有水的容器中，容器中的水就会上升一段，这部分水的容积就是这个土豆的体积。"有的组员说："把一小袋沙子完全倒入长方体的容器中，只要测量出含有沙子的这部分长方体容器的容积，就等于算出了这袋沙子的体积。"有的组员说："我们先把橡皮泥捏成了和这个石块外形一样的物体，然后再将这块橡皮泥改捏成我们曾经学过的某个立体图形，如正方体，计算出这个正方体的体积，也就等于知道了这块石块的体积。"

用上述多种方法将这些不规则物体转化为规则物体的过程，就是一个探究性学习的过程。学生在动手实践中自主地去探索，在小组内互相交流、相互启发，多种感官参与到自主探究性活动中来，使他们对知识的印象更深刻、记忆更牢固、理解更透彻。

三、营造民主和谐的教学氛围，将数学学习生活化

教师与学生平等相处、坦诚相见，小学生就会主动与教师亲近，愿意接受教师的教育和帮助。学生在愉快、宽松、自由、平等的环境中学习，思维的积极性和自信心得到保护，学习就不会感到有压力而产生兴趣。在指导学生学习的过程中，笔者积极尝试创设和谐的情境，力求使学生处于兴奋和求知的进取状态。如教学"有限小数和无限小数"时，笔者对学生说："今天你们来考考老师，请任意举出一个最简分数，老师马上告诉你们这个分数能否化成有限小数。"学生考教师，同学们别提有多高兴，纷纷举出了不少最简分数，教师都一一给予了回答。起初学生有怀疑，经过验算确认老师的答案是正确的。于是，由怀疑到信服，学生无形之中产生了"老师为什么能这样快地判断出来"的疑问和强烈的求知欲，从而以极高的兴趣进入教学中。

四、思维受阻、诱导反思，将数学学习生活化

教师要善于洞悉学生的数学思维，在学生思维临界状态下适时点拨，促使学生产生顿悟。学生在积极学习、认真思考中，当思维遇到障碍和矛盾而不能进行深层次的思考时，教师应在关键处有意识地引导和提问，及时提供科学的思维方法，为学生指明思考的方向、打破思维定式、开拓思路、突破难点，让学生在更高层次上继续思考。这时，教师可多问几个"为什么"或"你们怎么想的"来引导学生展示的思维过程。不仅便于教师了解学生思考问题的方法，而且能达到学生间互相交流思路的目的，使学生相互启发、取长补短，提高学生的反思能力。

例如：在教学3的倍数特征时，学生刚刚学习了2、5的倍数特征，知道判断2、5的倍数特征都是观察个位上的数，学生自然而然地把看个位迁移到3的倍数特征的学习中，当发现这种方法无效时，学生表现出束手无策。笔者就先创设了这样的情境，让一个学生随意地报一个数，笔者很快猜出它是不是3的倍

数。在学生报数时，笔者把是3的倍数的数和不是3的倍数的数，分类板书，同时又有意识地把这些数按个位分成是3的倍数与不是3的倍数两类，然后引导学生探索规律。然后笔者给出12与21这一组数，学生在相加后发现和是3的倍数。学生很快在计算中发现了隐藏其中的规律。整个教学过程是在教师引导下，通过学生自己的理解、逐步将知识内化为自己的。这个过程就是一个自我反思的过程。

作为教师，应当深入研究教材、研究学生、研究自己，根据自身、学生的特点，结合新课标目标实际，促进学生的有效学习。将数学学习生活化是一个不断发现、积累和创新的过程。在实践中，教师要养成观察、积累的习惯。"学习最好的刺激乃是对所学知识的兴趣。"让学生对数学产生浓厚的兴趣，他们就会由衷地感叹：原来，数学可以这样学习！总之，只有充分了解学生的数学方面的兴趣、爱好、个性特长，制定相应的教学目标，根据学生特点设计教学活动，让全部的教学活动以学生为主体，师生互动，将学生对数学的感受和参与活动放在重要的位置，才能让每个学生都能喜欢上数学课。

（此文获惠州市优秀论文评比三等奖）

新课标视域下提升小学生数学思辨能力的有效策略

——以平面图形教学为例

惠州市大亚湾西区第一小学　黄　媛

21世纪是知识经济蓬勃发展的新时代，同时也是以创新为主要驱动力的新世纪。国家的发展与个体的进步都离不开创新，而创新源自思辨。思辨能力是创新性思维的主要特征，同时也是创新性思维的核心，没有思辨能力，创新就成为无缘之木、无水之鱼。培养创新型人才，需要从培养学生的良好的思辨能力开始。

一、小学数学教学现状及对策

新课标明确指出，教师应在数学教学中营造"乐说、善问"的氛围，激发学生学习兴趣，引发学生积极思考，鼓励学生质疑问难。小学数学教学不仅仅是简单的公式记忆和运用公式，教师应为学生创设轻松、愉快的学习环境，鼓励学生自由地、主动地参与课堂活动，学会合作，善于表达，懂得反思。由于班级人数较多，教师工作量负荷，小学数学教学课堂过分重视知识与技能的传授，而忽视了学生思辨能力的培养。在小学阶段，数学的思辨能力不仅能帮助学生轻松掌握数学课程内容，还可以使学生在数学活动中辨析数学问题，掌握数学规律，从而提高学习素养。教师通过采取有效的教学策略合理培养学生的数学思辨能力，创造性地运用教学模式促使学生在数学学习中养成良好的学习思维，学生的思维逻辑能力得到提高，更加愿意主动地参与到数学学习活动当中，成为数学教学活动中的主人公。

二、平面图形教学课堂提升思辨能力的有效策略

《义务教育数学课程标准（2022年版）》中指出，"图形与几何"的学习能够帮助学生清楚认识并学会描述空间并与他人展开交流，对于学生思维逻辑、空间想象与创新能力发展的意义重大。平面图形教学，作为"图形与几何"教学的起步，它对于发展学生的空间观念，培养良好的思维能力，以及帮助他们更好地认识赖以生存的空间世界，有着不可替代的作用和意义。因此，教师要改变传统的"重分轻能"教学理念，有意识地培养学生的思辨能力，把遵循新课标要求，提升学生能力放在教学首位。

（一）创设问题情境，以"趣"开启"思辨"之门

新课标的基本精神是把过去重视"教师怎么教"转换为现在重视"学生怎么学"，一切从学生出发。兴趣是最好的老师，良好的学习兴趣是取得较好学习效果的重要保障。创设有趣的问题情境可以快速吸引学生注意力，激发学生的求知欲。

如，在"平行四边形的面积"一课中，笔者创设了阿凡提智取驴这一问题情境："在15分钟内给篱笆围成的长方形菜地翻土，但篱笆长度不可减少。"阿凡提给地主打工整整一年了，可地主一直拖欠工资不给。如果阿凡提把上面

数学问题解决了不仅支付所有的工资，地主还送阿凡提一头驴。爱听故事是每个学生的天性，在上课的伊始笔者利用富有渲染色彩的儿童语言，巧设孩子们耳熟能详的"阿凡提"的问题情境，从而激发学生学习求平行四边形面积的欲望和兴趣。有了兴趣，学生就能够快速地进入探究角色，开启愉快的思辨之旅。

（二）体验探究过程，以"智"寻"思辨"之魅

新课标指出：数学学习应该是一个生动活泼的、主动的和富有个性的过程。一个开放性的问题包含多种答案或解法。在数学课堂教学中，教师通过创设开放性的问题引发学生差异认知冲突和多样化思考，教师通过进一步追问"为什么"，往往会引起学生对问题根源的思考。又或者，聪明的老师通过故意出错，引导学生进行思辨，引出他们思维和认知中存在的问题，从而帮助学生深化理解、强化运用。通过设计变式问题组，进行课堂教学，深入研究教学策略，运用适当的教学手段，循序渐进地引导学生发现问题、分析问题和解决问题，适时、适度地培养学生的数学思辨能力。小学数学的课堂应是学生自主学习，提高能力的场所。

例如，在教学"三角形"相关知识时，主要针对一个知识点进行实验验证，即在三角形之中，随意选择两条边，其长度之和一定会比第三条边的长度要长一些。那么如何验证呢？教师可以引导学生利用手中的相关材料，如一些小木棒等，自主进行三角形的拼接。拼接出来的三角形大小不一，此时小学生利用直尺，依次对每个三角形的三个边进行测量，然后进行计算，由此发现并验证了上述知识点。通过这样的教学过程，学生能够更为自然地参与到活动实验之中，并进行自主操作和探究，进而增强学生的思辨意识和能力。

（三）联系生活实际，以"说"达思辨之臻

新课标提出用数学的眼光观察现实世界。数学知识通常和实际生活有着许多关联，教师应当将教学理论知识的讲解与学生的实际生活联系起来，将教学中的抽象知识具体化、形象化、生活化，由此提升学生思辨的兴趣。如：在教学"圆的认识"这一课里，笔者让学生思考生活中圆的奥秘。同学从汽车的方向盘、圆珠笔的笔芯和瓶盖为什么做成圆形，而学校门前的伸缩门为什么不能设计成圆形的辩论中深入了解圆形的特征。教师在设计教学情境的时候一定要重视主题和内容的选择，让教学内容富含生活元素，使学生在探究的过程中产生熟悉感，进而让学生产生一些探索的欲望，激发学生进行主动思考的积极

性。通过"敢说""乐说"促进学生数学思维的发展，达到"思辨之臻"。

总之，目前中国对于学生思辨思维能力培养系统机制还处于起步的阶段。学者对高中阶段和初中阶段的学生如何培养批判性思维能力有一定的研究，但对如何培养和提高小学阶段孩子的思辨思维能力的研究仍是空白。小学阶段的孩子具有无限的发展潜能，因此小学阶段是学生培养批判性思维能力的关键时间段。如果我们能结合数学学科，进行小学生数学思辨能力的培养与提高的研究，就能有效补充小学数学课堂教学中如何培养思辨思维能力的教学策略研究的空白，让教师在数学课堂的教学中有法可用，在小学阶段尽早培养学生的数学思辨能力。这也是在新课标视域下发展学生核心素养的有效途径。

参考文献：

[1] 张海生.小学数学教学中培养学生思辨能力的实践探索［J］.天津教育，2021（12）：38-39.

[2] 陆晨茜.让学生的思维翩翩起舞——小学生数学思辨能力的培养策略［J］.数学大世界（下旬），2021（9）：53.

[3] 宋斐.重视审题，培养思辨能力——小学数学审题教学中的审辨思维培养［J］.知识文库，2021（2）：14-15.

[4] 杨金龙.在思辨中自主感悟——浅谈小学数学教学中学生思维能力培养策略［J］.学周刊，2020（32）：77-78.

（此文获惠州市优秀论文评比三等奖）

小学德育教育与心理健康教育的结合策略探究

惠州市博罗县园洲赤沥小学　徐建臻

新课标对于我国小学阶段教育提出了更高的需求，德育教育工作作为现阶段小学教育过程中重要的内容之一，如何通过合理开展德育教育最大限度帮助小学生塑造正确的人生观、世界观、价值观，就成了现阶段教育工作者研究的重点。与此同时，近几年，心理健康教育也是实际教育过程中比较容易受到人们关注的内容之一。尤其是对于小学阶段学生来说，越来越多的心理问题出现在了小学生群体中，对于他们的成长造成了十分负面的影响。由此，如何将小学德育与心理健康教育有机地融合在一起，从而获得更好的德育开展效果，帮助学生在学习的过程中，逐渐成为一个具备正确思维模式和良好道德品质的人。

一、将小学德育与心理健康教育结合在一起的重要性

首先，德育与心理健康教育相融合，能够更好地帮助教师去了解学生的状态，从而针对学生的情况来有针对性地引导学生成长。尤其是就小学阶段来说，小学生的思维还没有养成，会随着外界环境的变化而衍生出不一样的性格、心理状态。因此，在这一阶段帮助学生在自身心理、性格的基础上予以正确引导，帮助学生形成一个正确、良好的心理状态，使其能够更加积极、乐观地参与到后续学习中去，才是现阶段小学教育工作者应该做的。在这一背景下，将德育与心理健康教育相融合，能够帮助教师了解学生实际的心理状态，避免他们在成长的过程中走进不必要的误区，进而为后续学生学习、生活打下基础。

其次，将小学德育与心理教育融合在一起能够有效地提升德育开展的有效性，转变原有教育过程中过分地依赖理论讲述的弊端，使学生能够积极地参与到教育过程中来，并通过教师的行为来对学生形成潜移默化的转变。与此同时，德育与心理健康相结合，能够帮助教师加深与学生的沟通，有助于学生卸下内心的防备，为后续营造"教学相长"的课堂氛围打下基础。

二、小学德育和心理健康教育结合环节存在的问题

就目前来说，在实际的小学德育开展环节，将德育与心理相融合的教育模式已经推行了一段时间，虽然能够在基本上满足小学德育的需求，但是，在实际的教育开展环节存在一定的问题。

首先，其中比较明显的问题就是在这一结合环节缺乏成功的教育案例和有效的指导。例如，在实际的教育开展过程中，虽然教师已经重视到心理健康教育在德育开展过程中的重要性，但是由于心理教育和德育的本质是存在差异

的，就会致使教师无法突破这两个相对独立学科之间的隔阂，进而影响实际德育的开展效果，同时无法将德育与心理健康教育顺利地结合并融入实际的教育工作中去。

其次，专业性人员的匮乏也是实际结合过程中不容忽视的问题之一。就目前来说，我国开展德育与心理教育相结合的时间相对较短，同时很多学校中并没有专业从事德育的教师，这种情况就使得在开展德育和心理健康教育融合时专业性不够，从而削弱了实际的德育效果。与此同时，我国很多校园由于教育资源的不足，就会使得在实际教育过程中倾向于将有限的教育资源投入其他专业课程上去，忽视了德育开展，影响了德育与心理健康教育两者之间的融合。

三、优化小学德育和心理健康教育的措施

根据上述研究，本文认为在实际的小学教育环节如果想要获得较好的德育与心理健康教育效果，就可以从以下几个方面入手进行改善：

（一）应从实践中探索德育与心理健康教育融合的根本路径

本文认为，在现阶段教育背景下，在实践中开拓创新，是帮助德育与心理健康教育相结合的根本路径。无论是德育还是心理教育都是一门实践性十分强的学科，就这类型学科的开展应推行到实践活动中去，让学生在实践中获得心理教育、德育的效果。例如，就这一环节，学校可以积极地组织学生参与各种类型的实践教育活动，比如帮扶孤寡老人、参观红色革命教育基地等方式，让学生能够融入教育的过程中去，通过实践活动对学生的心理、性格产生潜移默化的影响，同时提升实际德育开展的效果。

（二）重视德育与心理健康教育融合过程中的生活化

德育与心理健康教育的融合不能仅仅停留在课堂的40分钟之内，而是应该融入学生日常生活的点滴中去。尤其是就德育工作来说，应从生活中来，回馈到生活中去，这样才能在根本上实现德育的根本目标，让学生在愉快的环境中感悟到德育的内容。例如，就这一环节，在学习、生活中，教室可以开展"环保小分队"的形式，让学生参与到社区的生活中去，通过自身的行为来感受到社会工作的不容易，继而帮助其形成社会服务理念，同时优化小学生形成系统的社会思想，为其后续心理建设打下基础。

（三）应用"家园共建"模式，将德育与心理教育进行根本上的融合

对于小学生群体来说，家庭作为他们日常生活中最为常见的区域，家庭教育对于学生的影响也是不容忽视的。由此，就这一层面，应转变传统教育过程中单独依赖学校进行教育的思想，提升对于家庭教育的重视程度，通过"家园共建"的教育模式，帮助学生养成更好的学习、生活习惯，同时塑造健康的道德素养。例如，就这一环节，父母应重视到对于小学阶段幼儿群体"陪伴"的重要性，积极地参与到小学生的成长过程中来，及时地了解学生的心理转变，在第一时间对其转变做出正确的反馈，让小学生在爱的环境下成长为一个具备良好道德素养和心理状态的人。

（四）培养专业的德育教育人员

就这一层面来说，首先应增强学生领导对于德育工作开展的重要性的认识，增加对这一教学内容的资金、资源投入，重视具备相应专业能力人员的培养，同时可以转变原有从事德育教育人员的思维模式，使其能够在根本上重视这一工作的重要性，激发他们的岗位使命感，使其能够认真、负责地开展教育的同时为后续的德育和心理健康教育的结合发展打下基础。其次，学校可以系统地组织与德育和心理健康教育有关的课程讲座，帮助教师更好地提升自身能力水平，同时为后续探究将德育和心理健康教育融合在一起的根本路径提供方向。

四、结语

综上所述，在小学教育阶段，将德育教育与心理健康教育有机地融合在一起对小学生的综合素质培养有着十分重要的作用。由此，在开展的过程中，教师应将这二者落实到实际的教育中去，创新思维模式，进而帮助德育教育和心理教育互相促进，帮助学生营造更好的发展机遇。

参考文献：

［1］罗秋城.浅析小学德育教育与心理健康教育的有效整合［J］.才智，
2019（23）：57.

［2］罗昊.浅谈心理健康教育在小学德育教育中的渗透［J］.才智，2019
（21）：116.

［3］兰秀榕.谈新形势下小学德育体系的多元化目标与构建策略［J］.亚太教育，2019（7）：138-139.

［4］周小靖.小学德育教育与心理健康教育的整合思考［J］.课程教育研究，2019（28）：68-69.

［5］杨胜伟.如何在小学语文教学中渗透德育、心理健康教育［J］.读与写（教育教学刊），2019，16（2）：150.

（此文获广东省第五届"立德树人成功育人"教育论文宣读二等奖）